JN084909

石田梅岩の心学でフェアな成長を

SDGs と CSR がひらく未来

足立 辰雄
清水 正博 編著

晃洋書房

は じ め に

　テレビの広告や新聞，インターネットの記事などで目にすることがある「持続可能な開発」や「持続可能性」,「サステナビリティ」という言葉の意味をご存じだろうか．国連が掲げる SDGs（Sustainable Development Goals; 持続可能な開発目標）という国際的な行動目標のなかでもよく使用されている．「持続可能」という言葉が世界の人々の共通の関心事になる理由は，その反対語の「持続不可能」な社会の到来が科学的な調査やデータから予見されているからである．「持続可能な開発」「持続可能な成長」「持続可能性」など表現は多少異なっても，これらの言葉には，自然環境や文明の崩壊を回避するために，危機の現状を正確に理解し，次の世代の人々に今以上に悪化させず改善された自然と社会を残すための適切な行動と協力を呼びかける渾身のメッセージが含まれている．

　持続不可能に向かう社会から持続可能な社会へ方向転換するには，自分の利益や物欲をすべてに優先する利己主義を退け，社会と公益のために生きる倫理的な価値観（哲学）が人々の間に広く共有されなければならない．

　現在，世界中に蔓延し私たちの生命と生活を脅かしている新型コロナウィルス（COVID-19）の発生源はまだ特定されていない．だが，温暖化で融けだしている凍土には未知のウィルスが発見されている．永年閉じこめられていたウィルスが，メタンガス（温室効果ガスの一種）とともに現在の地球環境に放出されている．人間の欲望の拡大，地球温暖化，未知のウィルスによる感染症には因果関係があるとみなして対策を講じるべきだろう．

　大量の化石燃料を消費する火力発電所やその電気エネルギーを使って物を生産する工場，化石燃料を消費する乗用車や航空機はこれまで大量の二酸化炭素を排出してきた．工業化以前の1750年当時，世界の二酸化炭素は約 278 ppm だったが，2018年時点で約 407.8 ppm に達し約1.47倍にまで増加している．これまで先進国を中心に国際的な温室効果ガス（二酸化炭素が中心）の削減目標を約束し取り組んできたが，世界の二酸化炭素は増え続けており減少に転じていない．

　2019年の世界の平均地上気温は1891年の統計開始以降 2 番目に高い数値を示し，100年あたり 0.74℃ の割合で上昇している[1]．信じ難いことだが，2020年 6 月20日，シベリアの北極圏で気温が摂氏 38℃ に達し過去最高気温を記録した．地上気温の上昇だけでなく，海水温の上昇，海面水位の上昇，大型台風の発生，世界各地

の森林火災，集中豪雨と洪水，桜の開花日の早期化と冬の季節の短縮化，これらの人為的な気候変動にどう対処するかは科学的なシナリオと各国の協調的な取り組みが不可欠になる．

　地球環境問題への対策をサボタージュする利己的な国の非協力によって，これまでの温暖化対策は失敗と停滞を繰り返している．その直接の被害を被るのは次世代の若者であり，これから生まれてくる未来の子どもたちである．スウェーデン人の環境保護活動家であるグレタ・トゥーンベリ（Greta Ernman Thunberg）は，2019年6月23日，米ニューヨークで開かれた国連気候行動サミットで各国首脳が気候変動問題について行動を起こさない現状を憂慮し「あなた方は，私の夢や私の子ども時代を空っぽな言葉で奪った」と訴えた．この若者（当時16歳）の主張には道理がある．どのような地球環境を次世代に引き継ぐかは，現在の大人の世代に大きな責任があるからだ．

　私たちは過去の世代から引き継いだ自然や社会の資産を利用して衣食住を豊かにし目先の利益を求めて消費してきた．その結果，森や林は減少し田畑の畦道や用水路，河川に生息していたホタルやゲンゴロウ，カブトエビも見なくなり，いつしか絶滅危惧種として図鑑に掲載されるようになった．小動物が住みにくい環境は人間にとっても住みやすい環境ではない．「あとは野となれ山となれ」という自己中心的で無責任な生き方でいいのだろうか．

　今を生きる世界の人々の貧困や飢餓，経済・教育格差など不公正な現状を是正し解決する横軸の取組み（空間軸）だけでなく，未来に生きる人たちのために私たちは何を残せるかという縦軸の取組み（時間軸）も現世代の責任である．リレー競技のように，最初の走者（過去の世代）から引き継いだバトン（自然資産と社会資産）を今以上にクリーンなバトンに修正・保持して現在の走者（現世代）が確実に次の世代（次世代）に手渡して完走する．バトンを取り損ねたりつまずいて倒れるとその時点でレースは失敗に終わる．スポーツの世界ではミスを反省し問題点を改善して次の競技へのチャンスを待つことはできるが，切迫する温暖化対策では2度目のチャンスはないかも知れない．

　生きるうえで働く権利と正当な報酬を求めることは当然だが，社会のため他人のために貢献することが自分の幸福にもつながるという世界観（哲学）をもつことが大切である．この生き方や価値観が家庭や地域，組織の世界で普及するなら，「持続可能な社会」の実現に大きく近づくことができる．

　SDGs は，社会の存続と改善のために個人，組織，会社は今後どうあるべきか，「企業市民」としての会社の存在意義や役割を鋭く問うている．会社の経営理念

や経営哲学を事業の原点に立ち返って考え直す機会になるはずだが，会社の成長目標にSDGsの一部の目標が単に付け足されただけの形式的なSDGsも多い．企業の倫理的な活動目標を決め実践するCSR（組織の社会的責任の世界規格であるISO26000に含まれている）とSDGsを結びつけ会社の成長と社会の発展をともに追求するなら，持続可能な成長は実現できる．本書の『SDGsとCSRがひらく未来』という表題の趣旨はそこにある．

石田梅岩という江戸時代中期の哲学者は，商人道を提唱し，近江商人や老舗の経営にも思想的影響を与え，日本企業のビジネスの倫理的な基礎を築いた．この石田梅岩の「心学」という哲学は現代企業の経営哲学にもつながる大切な教訓を示している．「實の商人は，先も立ち，我も立つと思うもの」「ビジネスの目的は人々に富をもたらすこと」「富の主人は天下の人々」と述べて，公正でモラルあるビジネスの規範を示した．

東京電力は福島の原発事故の責任を認めず裁判でも争い経営責任逃れに終始したが，2020年9月30日，福島県と隣県に住む約3600人が国と東京電力に損害賠償を求めた裁判で，仙台高裁は国と東電の責任を認め，約10億円余りの賠償を命じている．官公庁の重要な記録やデータが恣意的に改ざんあるいは廃棄されても不正をチェックしその責任者を処分する自浄能力さえ欠く異常な事態になっている．国民に模範を示すべき政治家や公務員が不正行為に加担するなど「社会的責任」「フェア（公正）」という倫理観が現代ほど軽視され麻痺している時代はない．サブタイトルに「石田梅岩の心学でフェアな成長を」とした．

「第Ⅰ部　SDGsから企業の成長を見なおす」では，日本の国際競争力の著しい低下，先進国の中で日本人の幸福度が低迷している原因は何かを経済的，社会的指標から分析して，日本人の生き方，働き方，企業経営のあり方を根本から問い直している．仏教からは「不求自得」「少欲知足」から経済活動を見直すことを示唆している．「上司への忖度」や「長いものに巻かれる」という遅れた組織の原理から脱却し，自立した個人が自由かつ合理的に議論して問題を解決する近代的な組織への意識と制度の改革を求めている．SDGs（持続可能な開発目標）とCSR（企業の社会的責任）を一体的に運用する際の留意点にも触れる．

「第Ⅱ部　石田梅岩の心学を経営に生かす」では，石田梅岩の「心学」が誕生した経緯と商人道の真髄を具体的な商家の家訓や現代経営者に継承された事例も交えて紹介し，現代企業が石田梅岩の心学から学ぶべきこと，江戸時代の子どもの教育に心学が与えた影響，日本型CSRと企業価値向上，持続可能な資本との関係性について説明する．心学の現代的意義を明確にしている．

iv

「第Ⅲ部　SDGs-CSR を創造的に実践する」では，SDGs や CSR という言葉を使わなくとも実質的にその内容を実践し成功している官民の事例を紹介して，なぜ成功したのかをともに学び考えていく．完全オーガニックタオルの開発と販売で世界市場を牽引するタオルメーカー，「世界の生野」という壮大な地域ブランドの育成を目標に成長する靴メーカー，ネパールの子どもたちへのボランティアの学用品支援やネパール手製の民芸品の通販事業をゼミの教育で研究・開発する大学の事例などから，事業の継承問題や優れた会社の経営理念とはどのようなものか，大阪や京都の経済団体や自治体の CSR 支援事業の独自の取組も紹介している．個別の会社（ミクロ）が SDGs や CSR に取り組むだけでなく，国家機関や法律，表彰事業などの社会的な装置（マクロ）も有効に利用し組み合わせて，市民ぐるみで SDGs-CSR 事業を推進する独自の仕組み（宝船プロジェクト）も提案している．

　本書は 3 部14章構成だが，SDGs や CSR に取組む意義や有効性に関わる疑問を章の「タイトル」にし，その疑問に答える形式で，各章ごとに内容が完結するように配慮されている．各章を横断的に貫く共通のキーワードは，公正，共益，協働，創造，責任の 5 つである．

　本書は，SDGs や CSR の取組みが多様性，地域性，特殊性をもちながら，人と人の絆が強まっていくプロセスがよくわかるように工夫されている．経営者にはモラルあるビジネスモデルを示し，ビジネスマンには心学の精神で組織とともに自分も成長する自己の確立と意識改革を勧め，学生や若者には社会に貢献する本物の会社づくり（会社探し）のヒントを提供している．

　SDGs と CSR への取組みによってどのような富（宝物）がどのようなシステム（宝船）でつくられ人々に届けられて幸福をもたらすのかを知る航海の旅を始めよう．

2020年12月10日

足 立 辰 雄

注
1 ）　気象庁『気候変動監視レポート2019』参照，〈https://www.data.jma.go.jp/cpdinfo/monitor/index.html〉，2020年 9 月20日取得．

目　　次

SDGs から企業の成長を見なおす

第1章
SDGsへの取組は日本人の幸福度を改善するか

　国際的な要請であるSDGsに取組む前に，現在の日本経済の実力がどのような
ものか，また日本人が日本での生活を幸福と感じているのかを有力な2つの調査
結果とデータから考えてみよう．世界的な観点から日本の実力と幸福度を知り，
世界をより良く変革するとともに自国の現状をもどのように良い方向へ変えるべ
きかを探求しよう．

　日本はこれまで先進国とみなされてきたが，実際には重要な経済指標・社会指
標で衰退・低迷している事実についてほとんど知らされていない．日本を持続可
能な成長と幸福度を高める社会づくりへ軌道修正するには相当な社会改革，意識
改革が避けられない実態を知ることになるだろう．

1　日本の国際競争力の衰退の原因を考える

　スイスの有力なビジネススクールであるIMD (International Institute for
Management Development) という調査団体が2020年6月に各国の世界競争力のラ
ンキングを公表した．[1] この資料を引用した目的は，他国と比較して自国の地位を
引き上げることに汲々となって競争をあおることではない．持続可能な成長を推
進する立場から，IMDの競争力分析の内容を「各国の実力」の診断とみなして
そのデータを分析するなら，日本の真の姿が浮かび上がる．引用した統計の一部
には，上記のIMD以外の別の統計をも組み合わせて，日本の実力を多面的に分
析した．

　IMDのランキングで使われる指標のうち，64％は雇用統計や貿易統計といっ
た公的な指標で，残りの36％は，「マネジメント慣行」「ビジネス規制」「労働市
場」「姿勢・価値観」など，公式の統計にはない社会制度や風土に関わる調査結
果から算出されている．後者の36％の調査結果は将来の国の経済成長や発展可能
性を決定づける要因でもある．日本在住または日本で仕事をしたことのある6000
人以上の経営者や経営役員への意見調査を踏まえているので，信憑性は高い．調
査対象は63カ国・地域を対象としており，統計項目のランキングにある63位とか

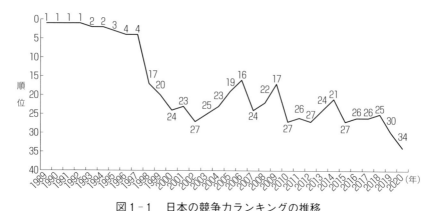

図1-1 日本の競争力ランキングの推移

（出所）IMD World Competitiveness Center, *World Competitiveness Ranking* より加工作成した.

62位という数値はほぼ世界最下位の水準を意味する.

　IMD のランキングの内訳をみると, 国内経済や国際貿易などの経済実績が82点, 租税政策や金融などの政府効率が74点, 生産性や労働市場などの経営効率が74点, 科学技術力や健康と環境, 教育などのインフラストラクチャ（社会的な制度）が108点の総計338点満点で集計されランキングされる. 国の競争力や実力を考える際に, 狭い意味での経済実績は全体の24％で, その他の社会的, 制度的, 政策的な要素が多数の割合を占める. その国の実力を診断した成績表といえる. 経済実績の重要な指標である名目 GDP で世界１位のアメリカが世界的な競争力のランキングで10位, 名目 GDP で３位の日本が競争力ランキングで34位の実績であるのも, 非経済的要因のウェイトがいかに大きいかを示している.

　図1-1によると, 2020年実績で日本は34位となり, 過去最低の記録を更新した. １位は２年連続でシンガポール, ２位がデンマーク, ３位がスイス, ４位がオランダ, ５位が香港, ６位がスウェーデン, ７位がノルウェーである. 後の第２節の世界幸福度ランキングでも述べるが, 北欧諸国が国際競争力の上位にあることを確認しておこう. 香港は, これまで一国二制度のもとで発展してきたが, 中国政府の圧力による香港国家安全法の制定や言論への統制強化など政治の不安定化が強まり, 今後, 国際金融センターとしての地位を保てるか懸念される[2]. 米国は10位, 中国は20位, 韓国は23位である. 日本は1989年から1992年までの４年間, １位を維持したが, その後, 30年間にわたり多少の上下動はあるが右肩下がりを続け, 日本の競争的地位は34位にまで低下した. かつて経済大国ともてはやされた日本の国際的地位が衰退傾向にあることは明確である. 日本の競争力の低

下の原因はどこにあるのだろうか.

　そこで，この国際競争力の地位の低下を反映する各種の指標に注目しよう.

　表1-1では，日本の強みとも言える優れた14項目と弱みとも言える劣った34項目を抽出あるいは追加して一覧表にした.「強み」は1〜5位にある項目を列挙し,「企業の内部留保」という別の統計も追加した[3].　内部留保とは，企業の利益から会社役員への賞与や税金，株主への配当金などを差し引いた後に残る利益のことである.

　「弱み」の項目には，63〜52位までの重要な項目と各項目で最高得点を取った国の得点に対する自国の得点の割合が極端に低かった項目も示されている.　政府行動力（3.4%），積極的・開放的（8.5%），経営環境（19.7%）などが相当する.　また，労働環境をめぐる別のデータも劣っている項目の中に示した.　比較年次が項目によって多少のばらつきもあるが，近年の傾向を知る参考になる.

　まず，日本の優れた項目をみると，海外直接投資（1位），金利の格差（貸付利率−預金利子率：1位），技術貿易収支比（技術輸出／技術輸入：1位），環境関連技術（2位），銀行資産（3位），特許数（3位）など主に日本企業の国際化に伴う直接投資や技術力，金利格差を利用した金融資産が高位置につけている.

　技術貿易収支比とは，海外の会社との間で特許権や実用新案権など目には見えない知的所有権の取引の比率で黒字か赤字かを知る指標である.　この貿易には，日本の本社と海外の子会社との間の企業内貿易も含まれる.　技術輸出額を技術輸入額で除して，1.0を越えれば技術貿易黒字国で，それ以下なら技術貿易赤字国である.　日本は，1993年から1.0を越え，2017年度には6.17に到達し技術貿易収支比だけでみると世界1位である.　70年代に提唱した技術立国政策や2002年に打ち出した知財立国政策（小泉政権）が概ね実現している.　企業の内部留保も過去27年間に3.5倍まで増加しているのが際立っている[4].

　次に，日本の劣っている項目をみると，政府の行動力や開放性が極端に遅れており，企業の俊敏性（63位），企業家精神（63位），大企業の柔軟性と適応性（62位），有能な上級経営者（61位）などの企業指標もほぼ世界最下位の水準にある.　経営者や経営役員だけでなく，日本人の新規事業の創業や革新的なビジネスへの開拓につながる企業家精神の脆弱性を示している.　この傾向は，国際体験（63位），国民文化（62位），語学力（62位）の低水準とも密接に関連している.

　ビッグデータの分析と利用（63位），デジタル技術（62位），テレコム投資（52位）など情報技術を駆使した国づくり，企業づくりでも惨憺たる状況である.

　先の日本の優れた項目で示されていたブロードバンド加入者（1位），携帯ブ

表1-1 日本の国際競争力の優劣に関するデータ一覧 (2020年)

A 日本の競争力の優位の項目

海外直接投資	1位	健康寿命	3位
ブロードバンド加入者	1位	銀行資産	3位
携帯ブロードバンド加入者	1位	特許数	3位
金利の格差（貸付利率－預金利子率）	1位	名目 GDP	3位
技術貿易収支比	1位	政府歳出	3位
外貨準備高	2位	インターネット利用者	5位
環境関連技術	2位	企業の内部留保	2017年（446兆円）1990年（127兆円）

B 日本の競争力の劣位の項目

政府行動力	3.4%(※)	生活費	59位
積極的，開放的	8.5%(※)	海外留学生の比率	58位
経営環境	19.7%(※)	家計消費支出実質成長率	57位
非生産年齢人口の比率	63位	経営教育	57位
ビッグデータの分析と利用	63位	女性の役員登用	56位
企業家精神	63位	人口1000人あたりの新規事業率	55位
企業の俊敏性	63位	教育への公的支出	55位
機会と脅威	63位	GDP に占める教育への公的支出	55位
国際体験	63位	実質 GDP	54位
政府債務	62位	株主の権利	54位
大企業の柔軟性と適応性	62位	テレコム投資	52位
デジタル技術	62位	大学教育	52位
語学力	62位	就業者1人当たり労働生産性	21位（2018年）14位（1990年）
国民文化	62位	非正規雇用率	38.2%（2019年）19.5%（1989年）
携帯電話費用	61位	労働組合組織率	16.7%（2019年）25.2%（1990年）
有能な上級経営者	61位	労働争議件数	268件（2019年）2071件（1990年）
二酸化炭素排出量	59位	実質賃金指数	2017年は92（－8）1995年＝100

(注) ※は各項目の最高得点国の得点に対する自国の得点の割合（%）を示す.
(出所) IMD World Competitiveness Center, *World Competitiveness yearbook*2020 より加工作成した. その他，科学技術・学術調査研究所，財務省データ，日本生産性本部『労働生産性の国際比較2019』，総務省統計局，独立行政法人労働政策研究・研修機構の各年版，全労連データから作成した.

ロードバンド加入者（1位），インターネット利用者（5位）などブロードバンド
の普及率は進んでいるが，携帯電話費用（61位）の実績をみると，高額の電話料
金を課されている日本国民の窮状が窺い知れる．

　政府歳出（3位）では政府の予算規模は国際的にも高い数値を示している．日
本の一般会計歳出は，1990年が約70兆円，2019年が約101兆円で，この28年間に
日本の一般会計の歳出は約1.4倍に増加した．だが，それに反して，生活費（59
位），家計消費支出実質成長率（57位）の劣位の指標をみると，国民生活が潤う方
向に政府歳出が分配されているとは考えにくい[5]．

　現在，日本の労働者の約4割近くが非正規雇用である．同じ仕事をしても非正
規雇用者（パートタイマー，アルバイト，派遣社員など有期契約の労働者）は正規雇用者
とは労働条件で差別的な扱いを受けている．労働組合の組織率も16.7％まで落ち
込み，非組合員が多数を占める職場では労働条件の改善を実現することが困難に
なっている．労働組合組織率の低下傾向は労働争議の件数の低下にもつながり，
経営者に対する労働者の対等な交渉力の弱体化は労働条件の劣悪化を招いている．
先進国のなかで，日本だけが実質賃金指数で92（1990年を100とする）に低下したの
も労働組合組織率の低下と密接な関係があるだろう[6]．企業の巨額の内部留保と労
働者の実質賃金指数の低下という2極化の図式は「大企業栄えて民滅ぶ」日本の
現状に警鐘を鳴らしている．

　日本の大企業は海外での知的財産政策と内部留保で潤う一方で，世界に通用す
る俊敏なビジネスモデルの構築では劣悪と評価され大胆な改善が求められている．
国政は，一般国民や労働者の企業家精神を高めたりデジタル化を含む知的で生産
性の高い労働を担える人材の養成や非正規雇用の正規雇用化，労働者の賃金引上
げに全力を投入すべきである．労働者も労働組合とともに労働条件や職場の改善
に向けた取組みに主体的に加わって，共生，共益をめざして働く者の絆を確認し
強化するようにともに汗を流すべきだろう．

2　World Happiness Report にみる日本人の幸福度を考える

　日本人が日本の生活にどの程度幸福を感じているのかを国際的な調査結果から
考えてみよう．あらためて幸福とはいったい何だろうか．生まれて育った環境の
違いも時代の変化も個人の幸福感に影響を与えるだろう．貧しい生活でも希望を
持って仲睦まじく生活している家庭もあれば，高級外車を乗り回して豪遊する放
蕩息子の教育に頭を悩ます家庭もあるだろう．

　先の敗戦で焼け野原になった戦後の日本を再建し高度経済成長も達成して衣食住の生活も一応満たされるようになったが，私たち日本人はその過程で何か大切なものを見失ったのではないか．そのことを感じさせられる出来事が2011年11月に起こった．ヒマラヤ山脈を国土にもつブータンの国王夫妻が日本との外交関係樹立25周年を機に訪日した．国王夫妻が日本中で大歓迎を受けたのは，ブータンが仏教を国教とし普段の生活でも着物を着て日本の生活スタイルに似ていることや永年の親日国という理由だけではない．

　ブータンは1971年に国連に加盟してから，国の発展の目標を「国民の繁栄と幸福」にあると宣言し，経済的な豊かさよりも精神的な豊かさを重視した国民総幸福量（GNH; Gross National Happiness）という指標を世界に先駆けて開発し実践した．幸せの基準は国家ではなく個人・家庭にあるとみなし国民の幸福を優先した結果，国民の圧倒的多数が「幸福である」と回答，ブータンは世界一幸福な国として注目された．その GNH は次のようなポリシーからなる[7]．

　〈4つの柱〉
　持続可能な社会経済開発（Promotion of sustainable development）
　環境保護（Conservation of the natural environment）
　伝統文化の振興（Preservation and promotion of culturalvalues）
　優れた統治力（Establishment of good governance）

　〈9つの指標〉
　心理的幸福（Psychological Wellbeing）
　時間の使い方とバランス（Time Use and Balance）
　文化の多様性（Cultural Diversity and Resilience）
　地域の活力（Community Vitality）
　環境の多様性（Ecological Diversity and Resilience）
　良い統治（Good Governance）
　健康（Health）
　教育（Education）
　生活水準（Living Standard）

　よく考え抜かれたブータンの「国民の幸福度を高める」政策の成功に刺激を受けた国連の持続可能な開発ソリューションネットワーク（SDSN）は，2012年から「世界幸福度報告書」を作成・公表して，国民の幸福度を高める持続可能な国づ

くりを世界に呼びかけた．156カ国を対象に作成された2020年度の「世界幸福度報告書」では，「1人当たり国内総生産（GDP）」，「社会的支援」，「健康寿命」，「人生の自由度」，「他者への寛容さ」，「腐敗のなさ（国への信頼度）」の6項目で合計し順位付けして，幸福度の世界ランキングを公表した．

　個人へのアンケートにある「社会的支援」とは，「もしあなたが困った時に親戚か友達の誰かが助けてくれるか？」と問い，人間関係と社会的なつながりの現状を問うている．「人生の自由度」とは，「人生の中でやりたいことを選択できる自由度について満足しているか？」と問い，社会が個人の人生をサポートしているかどうかを測る．「他者への寛容さ」とは，「過去1カ月間に慈善事業に寄付をしたか？」と問い個人の社会貢献への実践のレベルを測る．「腐敗のなさ」とは，「政府に腐敗がはびこっているか？」あるいは「企業に腐敗がはびこっているか？」のどちらかに対して回答し，政府や企業への信頼度を問うものである[8]．

　人の幸福は，個人がどのように感じているかも大切だが，個人と社会の良好な関係の実態も幸福度を測る大きな要因とされている．上記の設問には，日本人が多少違和感を覚える項目もあるが，現在の「幸福」への世界的な物差しとして参考にしたい．図1-2は，世界幸福度ランキングのベスト10常連国であるフィンランド，デンマーク，ノルウェー，オランダと日本を共通の指標の順位づけ（ランキング）から比較した．日本をみると，社会的支援が50位，人生の自由度が64位，腐敗のなさが39位，他者への寛容さが92位，健康寿命が2位で，健康寿命を除けば，北欧諸国との格差は歴然としている．

　日本の「健康寿命」は2位で，医療のサポートもあって平均寿命が最も高く健康的な生活を送ることに高い関心と努力を払っていることが正当に評価されており，日本人の幸福度を支えている有力な要因になっている．

　主観的な幸福（SWB; Subjective well-being）のレベルは慈善活動や寄付行動，投票行動，政治への参加など社会への働きかけ（向社会的行動という）と密接に関係しているとの有力な考えがある．自分の生業である仕事に従事するだけでなく，地域社会の必要とされる活動にボランティアとして参加したり寄付行為に参加する人，投票や政治活動にも積極的に参加する人の幸福度は高くなる傾向があると報告されている[9]．

　イギリスの哲学者であるバートランド・ラッセル（Bertrand Arthur William Russell）は，『幸福論』の中でつぎのように述べている．「幸福は，一部は外部の環境に，一部は自分自身に依存している．……人間は，自分の情熱と興味が内へではなく外へ向けられているかぎり，幸福をつかめるはずである．……自己中心

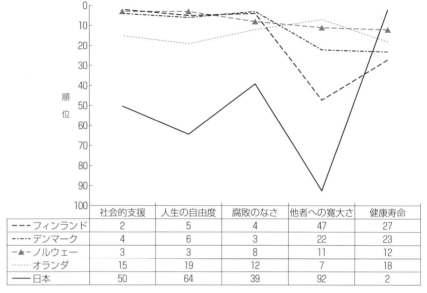

図1-2　世界幸福度指数による国別比較（2020年）

（出所）国連のWorld Happiness Report 2020より加工作成した.

的な情念を避けるとともに，絶えずわがことばかり考えるのを食い止めてくれる
ような愛情や興味を身につけるように心がけなければならない．……自己中心的
な情念の大きな欠点の1つは，生活にほとんど多様性をもたらさない，という点
である．……幸福な人とは，客観的な生き方をし，自由な愛情と広い興味を持っ
ている人である」．自己中心的な生き方や考え方は幸福な生き方に反するもので
あることを鋭く指摘している.

　ラッセルの幸福論に似た思想に仏教の「自利」と「利他」がある．自利とは，
自ら修行し悟りなどの良い結果を得ることであり，利他とは，自己のためではな
く，生きとし生けるもの（衆生）の救済のためにつくすこととされている．利は
利益の利と書くが，仏教では，経済的なもうけの「りえき」の意味ではなく，苦
悩からの解放や宗教的な意味の救済を意味する「りやく」の利である．自利も利
他も利己主義（または我利我利）とは真逆の生き方である．この利他への行動（利
他行）を重視して実践しつつ自利による悟りを得る修行（自利利他）は，困難な道
ではあるが釈迦の教えにも通じるであろう．京セラ名誉会長の稲盛和夫は次のよ
うに述べている．「企業にとっても利他の精神はとても大切なものだと考えてい
ます．……人間が生きていくのにほんとうに大切なものは，目に見えないもので

図1-3　日本の幸福度ランキングの推移

（出所）国連の *World Happiness Report* より加工作成した．2014年版の報告書は公開されていないので割愛している．〈https://worldhappiness.report/〉，2020年9月5日取得．

す．……人の心というのも目に見えません．……心というのは，邪悪で貪欲な面も持っています．お釈迦様はこれを煩悩と表現しました．……とにかく利己的な欲深い心と，……利他的な美しい良心の2つが，人間の心の中には共存しているわけです．……利己の心を少しでも抑えて，利他の心がいつも活き活きと活躍するように心の手入れをしましょう[12]」．

　日本の幸福度の世界的な地位の変遷を確認しておこう．図1-3で，日本は45位（2012年）から53位（2016年）までいったん落ち込み51位（2017年）に回復したのち，ふたたび62位（2020年）へ急降下している．この幸福度低下の原因を探り，幸福度を改善する政策を優先して立案し国民に示す責任が日本政府にあるはずだが，これまで日本の幸福度を高めるビジョンは公表されていない．

　最後に，表1-2で2012〜2020年までの世界幸福度調査結果から上位10カ国を一覧表にした．上位10カ国に毎年入る国は6カ国（デンマーク，フィンランド，ノルウェー，オランダ，スイス，スウェーデン）である．北欧諸国を中心とするEUの幸福な国づくりの実績から物質的な豊かさを追い求めてきた日本の政策を反省し根本的な点検と見直しが必要ではないか．

　第1節で紹介したIMDの「国際競争力ランキングの報告書（2020年）」もこの「幸福度ランキングの報告書（2020年）」も日本人の現状と将来を考える上で重要な判断材料になるだろう．だが，国民から受信料を聴取しているNHKでは取り上げられず報道もされていない（2020年10月10日，筆者の電話での質問にNHKが回答した）．

　幸福の指標の取り方への一部検討の余地もあるかも知れないが，世界標準の幸福度調査で日本国民の多数が幸福ではないとされている事実は，戦後日本の政治，経済，社会建設の方向性に瑕疵があったと考えねばならない．

表1‐2　世界幸福度ランキングの推移（2012〜2020年）

	2012年	2013年	2015年	2016年	2017年	2018年	2019年	2020年
1位	デンマーク	デンマーク	スイス	デンマーク	ノルウェー	フィンランド	フィンランド	フィンランド
2位	フィンランド	ノルウェー	アイスランド	スイス	デンマーク	ノルウェー	デンマーク	デンマーク
3位	ノルウェー	スイス	デンマーク	アイスランド	アイスランド	デンマーク	ノルウェー	スイス
4位	オランダ	オランダ	ノルウェー	ノルウェー	スイス	アイスランド	アイスランド	アイスランド
5位	カナダ	スウェーデン	カナダ	フィンランド	フィンランド	スイス	オランダ	ノルウェー
6位	スイス	カナダ	フィンランド	カナダ	オランダ	オランダ	スイス	オランダ
7位	スウェーデン	フィンランド	オランダ	オランダ	カナダ	カナダ	スウェーデン	スウェーデン
8位	ニュージーランド	オーストリア	スウェーデン	ニュージーランド	ニュージーランド	ニュージーランド	ニュージーランド	ニュージーランド
9位	オーストラリア	アイスランド	ニュージーランド	オーストラリア	オーストラリア	スウェーデン	カナダ	オーストリア
10位	アイルランド	オーストラリア	オーストラリア	スウェーデン	スウェーデン	オーストラリア	オーストリア	ルクセンブルグ

（出所）国連の *World Happiness Report* より加工作成した．2014年版の報告書は公開されていないので割愛されている．〈https://worldhappiness.report/〉（2020年9月5日取得）．

3　国民主権と新しい価値観への転換

　これまで，日本の経済や社会の実力，日本人の幸福度が年々悪化している実態とその根本的な原因について考えてきた．世界的な調査結果や幸福論研究者，有力な経営者のアドバイスも踏まえ，持続可能で幸福な社会づくりに向けて，日本人の変革への課題を3点に集約し，新しい価値観への転換を掲げた．その内容に類似する SDGs に該当する番号と分野名を（　）内に記した．

① 国民主権を行使する（16. 平和と公正をすべての人に）

　　「日本国民は，正当に選挙された国会における代表者を通じて行動し，われらとわれらの子孫のために，諸国民との協和による成果と，わが国全土にわたつて自由のもたらす恵沢を確保し，政府の行為によつて再び戦争の惨禍が起ることのないやうにすることを決意し，ここに主権が国民に存することを宣言し，この憲法を確定する．そもそも国政は，国民の厳粛な信託によるものであつて，その権威は国民に由来し，その権力は国民の代表者がこれを行使し，その福利は国民がこれを享受する．これは人類普遍の原理であり，この憲法は，かかる原理に基くものである[13]．」

　この文章は，日本国憲法前文の一節である．下線は筆者のものである．憲法の国民主権，平和主義，基本的人権の原則が明確に述べられている．「われらとわ

れらの子孫のために」という 件 は，現世代だけでなく次世代への恩恵が得られ
るようにと訴える国連のSDGsと理念を共有しておりあらためてその進歩性に驚
かされる．

　憲法は日本の政治の主役が国民にあり，その国民によって選ばれた政治家が国
民のための政治を行うことを宣言している．国民は政治の方向が国民の利益では
なく一部の利権集団に向いたり，私腹を肥やすために税金や権力を私物化してい
る不正がわかれば，その誤りを正すように主張する．是正されなければ，選挙で
明確な意思表示をして別の政治家や政党に代理人を託す．政治の情報を日常的に
収集し，家族や友人，職場の仲間たちと自由に議論して，正しい政策への見識を
国民自身が持つように切磋琢磨する．国民主権とは，代理人である政治家や政党
を国民が主役になって監視し公正な方向へ誘導・統制することである．

　兵庫県のある自治体の市長選挙の投票率をみると，1960年当時91％だったが，
年々低下し2019年は55％である．有権者の半数近くが棄権している．次世代の若
者に現世代の大人が国民主権の実践の模範を示すべきではないか．従順で政治を
考えない無知で無力な国民が増えれば，政治権力を握った為政者が容易に独裁政
治を実行できる．国民が政治に参加する自助努力の責任を怠って幸福になれるは
ずがない．先の国際ランキングでベスト10内に位置する北欧諸国の幸福度の結果
は，国民の政治や社会へのたゆまぬ参加と議論の結晶である．

　日本の報道自由度のランキングは66位（2020年）で，この数年間，報道後進国
に陥っている．政権への忖度が疑われるテレビや大手の新聞報道だけを信頼せず，
独自にインターネットや海外の情報も調べて何が真実かを見極め，自分の意見を
発信する方法も有効だろう．

　日本国憲法が制定された後に発行された文部省編『民主主義抄』（1949年）の一
節を読めば，過去の侵略戦争への日本国民の反省と民主主義への熱い思いが伝
わってくる．「それ（独裁者たちの野望—注，筆者）を打ち破る方法はただ一つであ
る．……国民が政治的に賢明になることである．人に言われて，その通りに動く
のではなく，自分の判断で，正しいものと正しくないものとをかみ分けることが
できるようになることである」．

　② 利他に生きつよい 絆 をつくる（3．すべての人に健康と福祉を，10．人や国の不
　　平等をなくす，11．住み続けられるまちづくりを）

　中村哲という日本人の医者をご存知だろうか．1983年，キリスト教団体の派遣
医としてアフガニスタンとパキスタンでハンセン病患者の治療にあたり診療所も

開設した．ところが，アフガニスタンで大干ばつが起こり，農地が砂漠化して大量の犠牲者や離村者も続出した．病気の治療どころではなくなり農業用水確保のための井戸掘りを決意，現在までに1600カ所を設置した．その後，地下水に頼らない用水路の建設を始め砂漠の緑化と灌漑農業も手がけた．2019年，医療事業と灌漑事業の功績が評価されアフガニスタン名誉市民権を授与されたが，同年12月に仕事場に向う途中，何者かに銃撃を受けて死亡した．

　中村医師がなぜアフガニスタンで地元の住民とともにかれらの生活を改善したり病気治療に専念したのか．見返りを期待したり金儲けのためでない．それは「ともに生きる」という価値観にある．「自分を尊重するように相手を尊重しようとするところに国際性の真髄がある．……人のために何かをしてやるというのはいつわりだ．援助ではなくともに生きることだ．それでわれわれも支えられるのだ」．「誰もがそこへ行かぬから，我々がゆく．誰もしないから我々がする[15)]」．中村医師は凶弾に倒れて73歳の生涯を閉じたが，彼の築き上げたアフガニスタンと日本の交流の架け橋は，彼の指導と影響を受けて育った次世代のアフガニスタン人や日本人に確実に受け継がれている．中村医師が創設したペシャワール会という現地の医療と農業推進団体は現在も中村医師の意思を引き継いで運営されている．利他という行動は，人と人の絆を強め現在と未来の人々に希望と幸福をもたらす．

　③ 多様性と独創性を尊重する（4．質の高い教育をみんなに，5．ジェンダー平等を実現しよう）

　大学教員時代に，経営学部1回生（18〜19歳）に対して明確な進路を持って入学したかどうかを調査したことがある．7割近い学生が進路は漠然としてこれから考えるという．すでに経営学の基礎的な理論と知識の講義が始まっており，2年間の勉学を終えると3年次には専門ゼミを選んで卒業論文を書かねばならない．4年次には就職活動に入るので，進路の決定で出遅れた学生は，自分の進路との関わりで学業に取り組む目的意識が希薄になり，総じて勉学への動機づけも弱くなりがちである．日本では中学や高校時代に将来のビジネスマンや起業家を目指す人への教育がほとんどないので，大学で経営学教育を受講して初めてビジネスとは何かを考えさせられるのが日本の教育の実状である．

　日本の新規事業率やベンチャー率のデータが世界的にも異常に低い原因の1つは，学校教育が受験勉強に特化し，有名大学，有名企業への就職者が「勝ち組」とされる画一的で歪な教育体制にある．将来の産業界や社会で体験する理論や

知識を学ぶカリキュラムもそれを実践するための制度も脆弱である．一人ひとりの多様な個性や能力を尊重してアイディアを自由に提案させ集団の中での役割分担や課題達成へのマネジメント力を育成するなら，将来の進路につながる夢やビジョンを描きやすくなる．社会的な課題解決にむけて自由で多様な意見が出され，独創的な提案を尊重する質的に高い教育が期待できる．

　アメリカの 3M（スリーエム）には勤務時間の15％を自分の自由な研究に使って良いとするルール（15％カルチャー制度）がある．この制度を使って「くっつくけど剥がれる」奇妙な性質の糊の商品化に 2 人の若い研究者が取り組んだ．その結果，1980年，「Post-it」（「それを貼れ」という意味）というモダンな栞商品が誕生した．社員の個性的なアイディアを尊重しチームによる自由な共同研究も時間内なら許されるとする経営風土が大ヒット商品を生み出した．日本の教育も受験本位のつめこみ型から生徒の個性を尊重した創造力重視型への転換を図るべきである．ベンチャーなどの起業家が多数生まれ新規市場が活性化すれば，経営者を目指したり新規事業への志を持つ若者が経営学部や商学部に入学するだろう．企業も公正な経営理念と経営計画をもち，社員の創造性と自由闊達な議論で活性化されるなら，働きがいや仕事への幸福度も高まる．多様性と独創性は持続可能な社会へ向かう人材育成，教育のキーワードになるだろう．

注

1 ）IMD World Competitiveness Center, *World Competitiveness Ranking 2020*,〈https://www.imd.org/wcc/world-competitiveness-center-rankings/world-competitiveness-ranking-2020〉，2020年 9 月10日取得.

2 ）『日本経済新聞』2020年 6 月30日.

3 ）財務省法人企業統計調査より.

4 ）科学技術・学術政策研究所.〈https://www.nistep.go.jp/sti_indicator/2018/RM274_51.html〉，2020年 9 月10日取得.

5 ）就業者 1 人当たり労働生産性のデータは，日本生産性本部「労働生産性の国際比較2019」より引用した．〈https://www.jpc-net.jp/research/list/pdf/comparison_2019.pdf〉，2020年 9 月15日取得.

6 ）厚生労働省「労働組合基礎調査」参照.

7 ）福永正明監修『ブータン人の幸福論』徳間書店，2012年，50頁.

8 ）John Helliwell, Richard Layard, Jaffry D. Sachs, and Jan Emmanuel De Neve, *World Happiness Report 2020*, p. 22.〈https://worldhappiness.report/〉，2020年 7 月10日取得.

9 ）*Ibid.*, pp. 48-50.

10)　B. Russell, *The Concept of Happiness,* London: George Allen & Unwin., 1930（安藤貞雄訳『ラッセル幸福論』岩波書店〔岩波文庫〕, 2019年）, 邦訳, 266〜268頁.

11)　ケネス田中編著『仏教と慈しみ』武蔵野大学出版会, 2018年, 50頁.

12)　稲盛和夫・瀬戸内寂聴『利他——人は人のために生きる——』小学館〔小学館文庫〕, 2014年, 89〜92頁.

13)　写楽編集部『日本国憲法』小学館, 2018年, 12〜13頁.

14)　黒田了一『学習憲法学』法律文化社, 1965年, 24頁. 下線は筆者による.

15)　中村哲『アフガニスタンの診療所から（名著復刊）』筑摩書房, 2020年, 184, 193頁. 下線は筆者による. 中村哲医師特別サイト『一隅を照らす』〈https://specials.nishinippon.co.jp/tetsu_nakamura/〉, 2020年10月 9 日取得.

第2章
仏教の教えに基づく経済活動は可能か

1　経済活動に否定的な仏教の教え

⑴　宗教と経済活動

　宗教と経済活動とは，本来，無関係な領域である．しかしながら現実には深く関連する場合もみられる．例えば，M. ウェーバーは『プロテスタンティズムの倫理と資本主義の精神』（1905年刊）において，キリスト教のプロテスタント（宗教改革派），中でも神の絶対性を説き，欲望に使われるエネルギーを信仰と労働という神の御心に集中させるカルヴァン派の教えが，資本主義を展開・発展させたことを指摘している．またインドで全人口の1％以下のジャイナ教徒がインド経済において非常に大きな役割を果たしているのは，不殺生や不妄語（正直）などの戒律を厳しく守ろうとした結果とされる．ジャイナ教は仏教とほぼ同時期に創唱された宗教で，教義や戒律なども仏教と共通する部分が多いが，仏教よりも厳格に戒律を遵守しようとする点に特色がある．更に日本においても，近江商人などと仏教信仰との結びつきが指摘されている[1]．いずれも禁欲的な宗教，もしくは生活態度といえるが，それが意外にも経済の発展をもたらすことになった．

　ところが，このような信仰を基盤とするところの，ある種の経営哲学とでもいうべきものに基づく経済活動は，近年，次第に希薄になりつつあるのではなかろうか．今回，私に与えられたテーマはタイトルにあるとおり，仏教の教えに基づくところの経済活動である．実際にどのようなあり方が「仏教的な経済活動」といえるのかを考察してゆく．

⑵　仏教の教え――「執着を捨てよ」――

　そこでまずは，仏教の教えについて，ごく簡単ながら紹介する．もちろん日本だけでも多くの宗派があることからわかるとおり，その教えは一様ではないが，あえてその教えを一言で言うならば，「執着（執着）を捨てよ」に極まると考える．「執着」とは対象を自分の思い通りにしたいという心の働きであって，数あ

る「煩悩」の中でも最も中心的な煩悩といえるものである（なお，仏教の教義では執著の対象はあらゆる世俗的な物・事に及ぶが，ここでは本書の性格上，財産や名誉などに対する執著の意味で用いることとする）．

　そもそも仏教の開祖である釈尊は，「苦しいのはいやだ」という所を出発点として，「苦からの完全かつ永遠なる超越」（＝解脱）を目指した．ただ，苦を滅するためには，苦の原因を探る必要がある．釈尊は苦の原因は千差万別であるものの，いずれの苦も，私たちが物・事に執着して，その対象を自分の物にしたい，もしくは自身の思い通りにしたいと思うにもかかわらず，思い通りにならなかったときに苦が生じると結論づけられた．もちろん全てが思い通りになれば苦を感ずることはないが，人間として生まれてきた以上，誰しも多かれ少なかれ思い通りにならないことは存在する，というより思い通りにならないことの方が多いのではなかろうか．

　では，どうすれば苦を滅することができるのか．そのことを深く考察された結果，釈尊は苦の根本原因である「執著」を滅すればよいと考えられるに至った．ただ，執著はいくら頭の中で考えても滅することはできない．実践・体験を通してのみ可能となる．その実践がまさに「修行」である．よって仏教の修行は大半が執著を滅するために行うものといえる．世界に宗教多しといえども，修行を重視するという点では仏教とジャイナ教が双璧といえるであろう．そしてこのような修行を経て，自身の内面を高めてゆき，最終的に一切の苦を超越した境地，即ち「悟り（解脱）」に至るのである．よって仏教は自己変革の宗教ともいうことができる．

　一方，経済活動とはやはり多かれ少なかれ「執著」を基盤とする．全人類が一切の執著を捨て去ったならば，殆ど経済活動は成立しなくなるであろう．よって，執著を捨て去れと説く仏教と，執著を基盤とする経済活動とは，原理的には相反する存在ということになる．厳密な意味では「仏教的経営」というのは成立しえないといえよう．

(3)　仏教と経済活動

　ところが，現実には仏教も，その最初期から経済活動を認める．なぜなら，出家修行者（僧侶）は一切の経済活動を禁止されているので，生きてゆくため，修行するためには在家信者（世俗信者）の経済活動に頼らざるをえないからである．例えば食事は自給自足さえ禁止されているので，托鉢によって在家信者等から恵んでもらう以外に方法がない．それ以外の生活必需品の調達も，在家信者から布

施していただくか，廃材を再利用するか以外に方法がないため，在家信者の生産・経済活動は仏教教団維持に不可欠といえる[2]．そこで在家信者は最低限の五戒を守るなどすれば，経済活動も問題なく承認されることとなる．

このようなことを鑑（かんが）みた場合，現実的には「仏教精神に基づくところの経済活動」ということは，少なくとも在家信者レベルでは可能といえる．実際，江戸期の近江商人等の家訓などに見られる「倹約」は執著の否定，「酒色・賭博の誡め」は不飲酒戒・不邪淫戒等の実践，「正直」は「八正道（はっしょうどう）」（最初期の仏教から説かれている 8 つの実践項目のことで，正見（しょうけん）・正思惟（しょうしゆい）・正語（しょうご）・正業（しょうごう）・正命（しょうみょう）・正精進（しょうしょうじん）・正念（しょうねん）・正定（しょうじょう）の 8 項目）の 1 つである「正語」に当たると見なすことができ，「慈悲」「利他」は菩薩行と位置づけえる[3]．

ただし，以上のような要素は仏教の教えと合致するとはいえ，儒教や一般的倫理観においてもおおよそ同様のことが当てはまり，ことさら仏教の教えに基づくとは断言できない．確かに商家の家訓では，神仏や祖先を敬うべきことなどもしばしば説かれており，その点はかなり仏教的といえるものの，その教えが経済活動を行う上での思想的基盤となっているとは言いがたい．わずかに「自利利他」に明確に言及する場合，また世間に役立つならば商売も利他行・菩薩行となると主張する場合などが仏教的といえるが，商家の家訓などに現れるケースはわずかなようである．また江戸期の僧侶の書物を見ると，例えば異端の禅僧鈴木正三（1579～1655）は職業への従事がそのまま仏法の実践となると説き，浄土宗でもしばしば家業の実践が念仏行を助けることになると述べ，更には浄土真宗の文献では，家業に勤しむことが阿弥陀仏への報恩行（ほうおんぎょう）となると位置づけるなど，仏教の教義・実践の中に家業（世俗的職業）を位置づけようとする場合がしばしば見られるが，家訓には殆ど採用されなかったようである[4]．

従って，少なくとも日本においては，プロテスタンティズムやジャイナ教の場合のように，教えそのものが直接的に経済活動に影響を及ぼす，もしくは経済活動の基盤となるということは，あまりなかったといえよう．そこで次節では改めて，私なりに一から，仏教の基本理念に合致した経済活動というものの可能性を考察してみたいと考える．

2　「不求自得（ふくじとく）（求めずして自（おの）ずから得られる）」の経済活動

(1)　「業（ごう）」の教え——善因楽果・悪因苦果——

最初にも述べたように，仏教は経済活動に欠かせない「執著」を厭い捨てるべ

きものとする．仏教の教えからすると，執着すれば「悪業（あくごう）」が生じ，必ず「苦果」をもたらすこととなる．逆に執着を滅して行動すれば，「善業（功徳）」が生じ，いずれ「楽果」をえることができる．「善因楽果・悪因苦果」の原則である．

　この原則を説明するために，まずはここで「業（ごう）」の教えについて少し触れておきたい[5]．仏教とはそもそも因果関係を大切にする教えといえる．仏教の教えとしてよく耳にする「縁起」とはまさにこの「因果関係」のことである．仏教では因果関係を離れた絶対的存在（神やブラフマンなど）を認めず，この世界は全て因果関係で成り立っていると説く．即ち，この世界に存在する事物・現象には，必ず何らかの因が存するというのである．よって，私たち個人の上に起こりえる諸現象にも因があり，逆に私たちの善・悪の行為（因）はいずれ何らかの楽果・苦果（果）を生み出すと考える．その因と果を結びつけるものが「業」である．

　「業」には2つの意味があり，1つは「行為そのもの」で，仏教では身業（しんごう）（身体的行為）・口業（くごう）（言語行為）・意業（いごう）（心の働き）の三者があるとする．もう1つは「行為の結果として行為者に蓄積された善・悪の潜在的な力」である．本論文では「業」といえば主として後者の意味で使用するが，この善悪の潜在的な力が積もり積もると，それがいずれ行為者当人に「楽果」もしくは「苦果」をもたらすとされる．

　そうすると，執着とそれに基づく経済活動は，仏教的には悪業であるので，いずれ悪果をもたらすこととなる．もちろん，その執着が強ければ強いほど苦果も大きい．逆に執着を排して行動したなら，それは善業となるので楽果を得る．

(2) 「共業」──社会を規定する業──

　ただ，このような業の教えは，あくまで個人の行動の因果関係のみに限定されており，もともとは物質的世界や自然環境などの物質的存在，もしくは企業・国家・世界といった集団的存在には，業の教えが適用されることはなかった．それは仏教が本来，個人の悟りを目指す宗教であって，キリスト教などと異なり，世界の創造というような問題には関心がなかったからと推測される．しかしながら，後代になると，人々の業が集まって，この世界を作り上げるという「共業」の考え方が生じてくる[6]．「共業」とは，人々や生物全体に共通の果報を生み出す業，即ち私たちの外的世界の原因（ただし普通は間接的原因）となる業といえる．

　さて，この共業の概念を少し広く解釈すると，私たちが強い執着をもって経済活動を続けてゆけば，個人の悪果にとどまらず，それが自然環境や企業・国家・世界全体などに苦果をもたらすことになる．例えば，利益優先主義で，企業の社

会的責任も顧慮することなく，顧客以外には無理を強いるような経営をしていると，短期的には業績が上昇するかもしれないが，長期的に見ると，利益優先という執著を因として，経営者個人にも，さらにはその経営方針で経済活動を展開してきた企業自体にも悪果が生ずることになるというわけである．特に経済活動という面からすると，個人の業もさることながら，共業が重要といえる．なぜなら，共業は企業の将来，更には一企業の範囲にとどまらず，同じような経営思想を共有することによって，国家全体，人類全体にも影響を及ぼすからである．

　そもそも人類は特に産業革命以降，豊かさ，快適さ，便利さ，優越性に執著して，それを追い求めてきた．そしていわゆる先進国ではそれが実現し，人々はその成果を享受・賞賛し，引き続き更なる豊かさ等を追い求めている．しかしそれには負の側面があることも否定できない．例えば，経済活動との関連からいえば，何といっても公害問題であろう．公害問題はまさに多くの人を苦しめることとなった．ただ，公害問題は現在，人類の努力によってかなり改善されているのも事実である．

　ところが，改善されたが故に，大量消費や永続的な経済発展という，経済活動に関する基本理念が変わることはなかった．そしてそのことが，今やより大きな問題を引き起こしつつある．公害問題なら企業や地域・国家レベルで何とか解決できたが，もはや一企業・一国だけでは解決できないグローバルな問題，即ち温暖化による異常気象という重大な環境問題をもたらしたのである．仏教的にいえば，まさにこれは私たちの執著を因とするところの「苦果」といえよう．もしかすると，本稿執筆の時点で大問題となっているコロナ禍もその苦果の1つかもしれない．

　そもそも，仏教は「神」を立てない宗教（その意味では「無神教」）であるので，神の意志でこの世界の有り様が決定するわけではない．またそれと同時に偶然論の教えでもなく，先述したように，因果を重視する教えである．よって，仏教の共業の教えに基づくならば，私たちの過去の行動が因となって，私たちの現在の世界という果があるということになるのである．それを将来に目を向けるならば，今度は私たちの現在の行動によって，人類・世界の将来が左右されることになるといえよう．そうであるから，今私たちが執著にとりつかれた経済活動を続けてゆけば，必ず将来的に苦果を受けることとなる．ただし，その苦果は長い間に修した悪業が蓄積して一定限度を超えると現れるものなので，因と果の間にかなりのタイムラグがあり，どうしても私たちは切実な問題として気づきにくく，その点が厄介なのであるが，早晩，苦果が現れるのは確かなのである．そしてその苦

果はそれほどでもないかもしれないものの，逆に人類の生存を脅かすような苦果，もしくは普通の生活ができないような苦果（例えば，夏は暑すぎて徒歩での外出は命の危険があるなど）になるかもしれない．

(3)　「不求自得」の勧め

　一方，それに対して，私たちが執著をできる限り抑制する方向で経済活動を行うなら，悪業の蓄積は少なくなり，逆に後ほど述べるように，むしろ善業（功徳）が積まれてゆくことになる．では，執著を基盤とするところの経済活動を，できるだけ執著を持たずに行うにはどうすればよいか．そのことを実現するためのキーワードになるのが「不求自得」であると私は考える．「不求自得」即ち「求めずして自ずから得られる」とは，「本来なすべきことを一生懸命に修していたならば，思いがけず，別のよき果報が自然と得られる」という意味である．例えば，浄土宗の開祖である法然は，極楽往生を目指して念仏を称え続けたことによって，図らずも現世利益が自然と得られることがあると説くが[7]，まさにこれなどは「不求自得」そのものといえる．実は「不求自得」という言葉自体は仏典でも用例は少ないものの，この事例のように，その概念は重要な場面でかなり使用される．

　では，経済活動に「不求自得」の概念を援用しようとする場合，具体的にはどのような形で適用できるのかというならば，それは「（利潤追求にできる限り拘泥せず）なすべきことを為したならば，自然と利潤が生じた」というあり方といえよう．つまり利潤追求による「執著」の発生を極力避けて，しかも結果的に「利潤」そのものは獲得するということである．

　ただ，この中で「なすべきことを為す」と述べたが，具体的にはそれは何を意味するのかというならば，私の考えるところは以下の通りである．

① 人類等（仏教用語では「有情世間」）と地球環境（仏教用語では「器世間」）とに有益な商品・システムを提供する．
② 逆に人類等の生類や地球環境に有害となる可能性がある商品・システムは提供しない．たとえ商品自体が人々の役にたったとしても，他方で人々や環境に悪影響をもたらすようなことがあれば（例えば製造過程で毒性のある廃棄物を排出するなど），それは提供をひかえる．
③ 商品等を販売した後でも，その商品等が人々や環境に悪影響を及ぼす可能性が判明すれば，その段階で提供を中止するか，早急に改善する．
④ 他社の成功を妬まず（妬みは煩悩の一種），むしろそれを「随喜」する（＝他

人の行った善い行いを賞賛して，共に喜んであげる）．そして自身は更に素晴ら
しい成果の実現に向けて努力する．

利潤追求にできる限り拘泥せず，以上のような4項目を守って経済活動を行って
ゆけば，悪業は極力抑えることができよう．悪業を制御できれば，将来的に苦果
を避けることが可能となる．

(4)　自利と利他——利他の実践——

　しかもこれらを実践することは，悪業を抑えるだけでなく，「利他」の善業を
生ずることにもなる．「利他」とはまさに「他の多くの人たちを利すること」で
あり，東アジアに弘まった大乗仏教（「大きな乗り物の仏教」，即ち多くの人を救うこと
ができる仏教という意味で，東南アジアに弘まった南方仏教とは「自利・利他」など，多くの
点で異なる）では特にこの「利他」が重視される．まず①は人々のためになるわ
けであるから，広義での「利他」の実践といえる．更に②③も人々や環境に迷
惑を掛けないという点で，間接的・消極的ながら人々や環境のためになる行為で
あり，「利他」ということができるし，④の「随喜」も人のことを喜んであげる
わけであるから，やはり利他の精神に合致しているといえる．よって，①〜④の
実践は，全て利他行として善業（功徳）を生ずることともなるわけである．
　また，大乗仏教の説く「利他」の実践は，「自利」より優先するとされるので
あるが，今述べた①〜④の実践は，その利他優先の立場と軌を同じくするといえ
よう．なぜなら，利他的な①〜④を実践することによって「不求自得」として利
潤＝自利が得られるという関係となるからである．人々に「利益（りやく）」を施
して（利他），それによって自身の「利益（りえき）」を得る（自利）という関係で
あり，もう少し具体的に言えば，顧客のことを優先して商売をしていたら（利他），
自然と利潤も生じてきた（自利）という関係である．
　そもそも仏教において「利他行」は何のためになされるかというならば，やは
り究極的には自身が悟りに至るため，即ち「自利」のためであるので，今述べた
ような利他によって利潤＝自利が自然と生じるということも，利他の教えに合致
しているといえよう．ただし，ここで気をつけなくてはならないのが，利潤追求
のために利他を行うというのでは本末転倒となり，もはや本当の利他とはいえな
いということである．もちろん単なる利潤追求だけよりは好ましいことではある
が，留意すべき点といえる．
　なお，経済活動における利他というと，一般には企業の社会貢献が思い浮かぶ

であろう．利潤のうちの一部を社会貢献に当てるということは既に江戸時代から
しばしば行われており，江戸時代の商家においては，ある程度，当然のことであっ
たようである[10]．ただし，本当の意味での利他は，既に述べたように，上記の①～
④を実践することによって「不求自得」としての利潤を得るという形である．よ
って，これを実践した上で，更に利潤の一部を社会貢献に当てるというのが望ま
れるところである．これが実現されれば，利潤発生の前と後との両方で利他を行
っていることとなる．まさに二重の利他となり，その功徳は一層大きいといえる．

　ところで，上記であげた①～④の４項目は，一応，仏教的な見地から提示した
わけであるが，実は①が SDGs と，②③が CSR と関連することは，本書の読者
であればお気づきの方も多いことと思われる．即ち仏教的見地からのあるべき経
済活動を考察してゆけば，結局は SDGs や CSR と同じ方向性を持つことになる
わけである．よって CSR を先取りしたとされる石田梅岩の心学の思想とも，少
なくとも結果的には共通するものを見ることができることとなろう[11]．

　以上，仏教の教えに基づく経済活動について述べてきたが，現実には厳しい競
争社会において，このような理念での経済活動が本当に可能なのかという大問題
がある．ただ，この問題については最後にまとめて述べることにして，その前に
仏教の特殊な発想が，経済活動に資する可能性のあることについても指摘する．

3 「非 - 常識」な発想の勧め

(1) 仏教の「非 - 常識」な発想と経済活動

　「倫理」と「宗教」の違いの１つに，前者が常識的であるのに対し，後者は多
かれ少なかれ「非 - 常識」な部分を含むという点があげられる．中でも仏教は普
通とは異なる発想をする場合が多い．例えば，そもそも徹底して執著を否定する
こと自体がそうである．また「唯識」の教えでは，この世はすべて私たちの
「識」すなわち精神作用で成り立っていると説くし，浄土教では自分たちが愚者
であることを自覚せよと教える．いずれも一般的な理解からすると違和感があろ
うが，その理由を見てゆくと，肯首できる点も多い．「禅問答」なども発想の転
換を我々に促す．いずれにせよ，仏教の教えは一度，常識を疑って，改めて一か
ら見直してみようとするところに価値があるともいえよう．

　そしてこのような発想の転換は経済活動においても有用ではなかろうか．なぜ
なら，発想の転換が経済活動の新たな発展をもたらす場合がしばしば見られるか
らである．例えば，薄く切っただけで急に売れ出した羊羹，カップ麺という発想，

ボタンなどを極力廃したスマートフォンのデザインなど．いまあげたのはいずれ
も商品開発の例であるが，製造工程・流通・人事などにおいても，発想の転換が
有効な場合が多くあろう[12]．では，どうすれば発想の転換が可能か．最も簡単で初
歩的なのは，とりあえず普通の考え方と真逆のことを考えてみること．また，非
現実的と思われても，「こういうことが実現すればいいな」というようなことを，
何とか実現できないか探ってみることである．もちろんその上で実現性・有効性
を粘り強く探ってみなくてはならないが，簡単には諦めず，粘り強く努力するこ
とがまずは必要であろう．また，そのような斬新な発想を認め，長期にわたって
サポートしてゆく社会風土も重要といえる．短期的な成果のみを求めていたので
は，せっかくのアイデアも無駄となろう．

(2)　「成長」から「安定」へ──「諸行無常」と経済活動──

　さて，いま述べたのは，発想の転換が「経済成長」をもたらす場合であったが，
より根本的なレベルでの発想の転換，即ち理念そのものの転換を提案してみたい．
それは「（永続的な）経済成長」をよしとする価値観の転換である．経済成長を目
指す限り，いくら執著を排して経済活動をしたとしても，やはりどうしても執著
と結びつきがちとなる．また，たとえ企業側が執著を排していたとしても，消費
者側の執著を喚起することになる．仏教的には，どうしても悪業を生じやすいこ
とは明らかである．

　また，現実問題としても永続的な経済成長はあり得ない．仏教には「諸行無
常」という教えがある．全ての存在・現象は無常，即ち変化し続け，永遠不滅な
ものは存在しないという教えであるが，現在の科学からしてもこれは真理といえ
る．時間・空間でさえ絶対的ではなく相対的であり，宇宙も無始ではなく始まり
があることが分かっているからである．まして経済活動にそれが当てはまらない
わけがない．日本経済が戦後70年間において，その前半では概ね急成長を続け，
一時はアメリカと世界経済の覇権を争うまでになったにもかかわらず，今やその
面影はかなり薄れてしまっていることからわかるように．よって，現在，成長を
遂げている国であっても，いずれは成長が止まり，下降線を描くものと推測される．

　そしてこのような経済活動の消長は，世界全体の経済活動にも当てはまるので
はなかろうか．現在のところ，世界の経済活動は総体的には発展を続けていると
いえよう．しかしながら，いつまでもそれが続くとは限らない．本稿執筆時点で
大問題となっているコロナ禍のようなこと，もしくはそれ以上のことが繰り返し
起こり，世界経済が壊滅的な打撃を受ける可能性もないわけではない．

　そもそも「経済成長」は，一定程度以上の消費なしには考えられないので，地球上の限りある資源を消費してゆくことは避けられない．資源の再利用を促進すれば，その資源の消費はかなりくい止められようが，全ての資源の100％の再利用は不可能であろうし，また資源の再生過程そのものにもエネルギーや別の資源が必要となる．従って，結局は環境破壊等を完全に止めることはできず，ひいては人々の日常生活や世界経済にダメージをもたらすことも考えうる[13]．

　そこで私は経済活動の目標を以下のように転換することを提言してみたい．即ち，① 経済の（成長ではなく）安定，② その持続，③ そして（量的拡大ではなく）質的向上である．もちろん，現在も貧困に苦しんでいる地域にあっては，経済成長は必要であろう．しかしながら，ある程度の経済成長を遂げた国・地域にあっては，以上の3点を新たな目標として掲げてみてはどうかと考える次第である．目先の経済成長に心を奪われてしまうと，政治経済，環境，パンデミックなどで大きなマイナス要因が生じた場合，そのダメージは大きい．日本のバブル崩壊がそれをよく示しているように思われる．なお，この中で③の「質的向上」とは，具体的にいうと，例えば同じエアコンでも省エネ型の商品を開発するなどである．それとできるだけ耐久性の高い商品，末長く利用できる商品を開発の中心に据えることも含まれる．商品そのものの安定と持続である．

(3)　机上の空論（理想）の実現可能性

　さて，以上，「不求自得」の経済活動，および「経済成長」を目指さない経済活動などを提案してきたが，少なくとも経済活動に直接かかわっておられる方々からすると，絵空事として全く賛成できないか，理念としては賛同できても，実現は難しいので実践してみようとは考えない方が多かろう．提言した私自身でさえ，あまりに理想論すぎるという思いはある．

　しかしながら，提言したからには，何とか実現の可能性がないか，探ってみたいと思う．まず，かなり実現の可能性があるケースは，環境破壊やパンデミック，もしくはその他の要因で，世界的に経済が壊滅的な大打撃を受けた場合である．この場合，特に経済成長を目指さない経済活動については，否応なしに認めざるを得ないこととなろう．

　ただ，このような危機的状況に至る前に，発想の転換がなされ，壊滅的な危機に直面しても，最小限の損失で済むことが望ましい．では，その発想の転換はどうしたらなされるか．それはやはり地道に説き続けるしかないと考えている．そしてその結果，経済人の1割に賛同が行き渡り，5％[14]ほどの人が実践を試みるよ

うになると，その後はある程度，実効性のある広がりが期待できる．特に経済界でカリスマ的な影響力を持つ経営者や大企業などによって賛同・実践されるようなことがあれば，経済界への浸透が少しは加速するかもしれない．

　また，それに加え，消費者側の意識改革も重要であろう．そもそもかつての日本にはものを大切に，無駄なく使うという精神が根付いていたはずである．それはもちろん，ものが少なく，そうせざるを得ない事情があったからでもあろうが，現在の日本人はあまりにも大量消費に慣れすぎていて，「もったいない精神」を失いつつあるように見うけられる．このような中にあって，仏教の「少欲知足」の精神が少しでも見直されることを期待する．具体的にはまず必要以上のものを購入しない，できるだけ節約する，大量消費を避けるということである．例えば，徒歩や公共交通で移動する，自家用車がないと生活できない地域でも1人1台の自家用車を3人で2台に減らす，非肉食のヘルシーな食事を摂る，急須でお茶を飲むなど．これらは二酸化炭素の削減，プラスチックゴミ等の削減にもなるし，自身の健康のためにもなるので医療費抑制にもつながるであろう．

　即ち現在の「安くてよいものを大量に」という価値観から「よいものを少量に，でも十分な対価を支払って」という価値観への転換である．少なくとも経済的にある程度余裕のある富裕層からまずは実践していって頂ければと思う次第である．そして，そのような考え方が「おしゃれ」で「ステータスを表す」ものとして，人々から憧れをもって見られるようになれば，社会全体もそちらの方向に向かうことであろう．

　また，このような方向性を国が後押しすることも大切である．国がその方向を向けば，企業や消費者の意識改革もなされてゆく可能性がある．レジ袋の有料化が，プラスチックゴミ対策にどれほど実効性があるかは分からないが，消費者の意識改革という点からすると，わずかな一歩ながら，私は素晴らしい一歩であると考えている．

　ただし，このような理念で経済活動をしていたら，他社・他国に負けてしまって，倒産などに陥ってしまうという主張もあろう．この点についても私は有効な具体案を持っているわけではないが，現実問題としては，会社の経営方針・国家の経済対策としては以上のような理念を持ちつつ，できるところから，またできる範囲で徐々に実現してゆくことが現実的となろうか．具体的には既に実践が始まっているSDGsやCSRなどを通して，利益最優先という発想の改変を推し進めることである．そうすればいずれは上述のような理念が受け入れられる環境も整うこととなる．[15] そして一度，そのような潮流ができれば，その理念に賛同しな

い会社や国々も，いずれは従わざるを得ない方向に向かう可能性がある．もし理念なくして，執著（欲望）のままに社会が進めば，いずれ社会や自然環境が，ひいては経済が破滅に至るのは避けられないであろう．グローバルな規模での破滅を避けるためにも，今から少しずつでも企業・消費者とも発想を転換する必要があると考える所以である．

　セクシュアル・ハラスメントは50年前にも頻繁に生じていたであろうが，あまり問題にはならなかった．しかしながら，現在ではセクハラによって会社を解雇されることもある程に問題視されるようになっている．この50年間で人々の意識も変わったのである．それは人権問題の専門家や被害者などが地道な努力を重ねて，社会思潮を変化させていったからである．それと同様，私の提言も50年後には荒唐無稽ではなくなっていることを期待しつつ筆を措くこととする．

　注
　1）　ジャイナ教徒の経済分野での優位性については，M. ウェーバー『アジア宗教の救済理論　ヒンドゥー教・ジャイナ教・原始仏教』（池田昭訳），勁草書房，1974年，129頁，大谷幸三「ジャイナ教徒，賢者の金融道」『カイラス』Vol. 2, 2008年，47頁を見よ．なお，ジャイナ教の教えを知るには，上田真啓『ジャイナ教とは何か　菜食・托鉢・断食の生命観』風響社，2017年が簡便である．また近江商人と信仰の関係については，内藤莞爾「宗教と経済倫理――浄土真宗と近江商人――」（同『日本の宗教と社会』お茶の水書房，1978年，論文初出は1941年），窪田和美『近江商人の生活態度――家訓・倫理・信仰――』（法蔵館，2020年）．
　2）　例えば，佐々木閑『「律」に学ぶ生き方の智慧』新潮社〔新潮選書〕，2011年，53～61頁などを参照のこと．
　3）　近江商人の家訓等は，芹川博通『宗教的経済倫理の研究』多賀出版，1987年の「第三部　近世近江商人の家訓・店則の事例研究」，及び「資料」（607～735頁）に詳しく紹介されている．なお，少なくとも近江商人が篤い仏教信仰（浄土信仰）を有していたことは，同書，567～580頁に詳しい．
　4）　家訓に見られる「自利利他」に関しては，内藤，注1）所載書，68～69頁．僧侶の書物における家業の位置づけについては，芹川，注3）所載書，268～271, 292～303頁，内藤，注1）所載書，47～58頁などを参照のこと．
　5）　業の概念については，浄土宗刊の『業を見すえて』浄土宗出版〔浄土宗人権シリーズ5〕，2013年の第一章などを参照のこと．
　6）　初期仏教の時代にも，このような考え方は見られるが，明確な形で説かれるようになるのは，早くとも紀元後2世紀くらいからではないかと推測されている．加藤利生「共業をめぐる問題――唯識学派を中心に――」『天台学報』38, 1996年，100頁，佐々木閑「仏教の自然観」『財団法人　松ヶ岡文庫研究年報』20, 2006年．
　7）　例えば，法然『浄土宗略抄』では，重く受けるはずの病が軽くてすむなどの利益があ

ると説かれる.

8）　水野弘元『仏教の基礎知識』春秋社，1972年，213頁，三枝充惪『インド仏教思想史』
　　第三文明社〔レグルス文庫46〕，1975年，117頁，長尾雅人『仏教の源流――インド――』
　　大阪書籍，1984年，211頁.

9）　仏教における自利と利他の関係については，佐々木閑『ゴータマは，いかにしてブッ
　　ダとなったか』NHK 出版〔NHK 出版新書399〕，2013年，71頁，平岡聡『菩薩とは何か』
　　春秋社，2020年，175頁.

10）　近世商人の社会貢献に関しては，青木利元『日本型「企業の社会貢献」――商人道の
　　心を見つめる――』東峰書房，2007年，「第 2 章　企業の社会貢献の歴史」を参照のこと.
　　また，商家の商いにおける自利利他の重視は，芹川，注 3）所載書，593〜594頁，更に利
　　潤を“おまけ”のように見なす経済観念については，同書，599〜600頁で言及されている.

11）　ただし，石田梅岩の思想は，儒教・仏教・神道に基づくとされるが，著作を見る限り，
　　実際には儒教がその中心をなしており，特に商売に関する発言の中には，明確に仏教のみ
　　に基づくと指摘しえる部分はないように見うけられる.

12）　経済・経営の問題ではないが，ノルウェーのハルデン刑務所は，ホテルのような個室，
　　整った福利施設，自由度の高さ，人権尊重などで，刑務所とは思えない刑務所として有名
　　である.　しかも再犯率は低い.　発想の転換がもたらした賜といえる.　齋藤実「研究ノー
　　ト：ノルウェーにおける刑事政策の現在」『学習院法務研究』 7，2013年などを参照.

13）　経済学者のシューマッハーも同様の考え方を既に提言している.　E. F. シューマッハー
　　『スモール イズ ビューティフル』講談社〔講談社学術文庫730〕，1986年（原書の出版は
　　1973年）.　本書には「仏教経済学」という一節も設けられている（69〜81頁）.　ここでは
　　「八正道」をその基盤として，仏教経済学が提言されている.　また，シューマッハーの提
　　言を承けた近著としては，佐伯啓思『経済成長主義への決別』新潮社〔新潮選書〕，2017
　　年がある.　更にはごく最近に出版され，注目を集めている斎藤幸平『人新世の「資本論」』
　　集英社〔集英社新書1035〕，2020年も，同様のことを指摘し，新たな視点からその解決を
　　探っている.

14）　斎藤，注13)所載書，362頁では，3.5％が転換点とされている.

15）　今回の私の提案はSDGsと理念的に同じ方向性を有するが，少し違いもある.　SDGs＝
　　「持続可能な開発目標」とは，未来に禍根を残さず，現代人も将来の人もそのneedsを満
　　足できるようなdevelopment（開発・発展）ということができるが，このneedsをどう捉
　　えるかで少し異なりがあるともいえる.　私の提案はそもそもneedsそのもののレベルを下
　　げようという提案である.　あるいは「持続可能」と「開発」の両者のうち，前者により
　　ウェイトを置こうという提案ともいえる.　少なくとも仏教的にはそれが理想である.　ただ
　　し，SDGsを完全に実行しようとすれば，現実には日常での利便性・経済性を我慢する必
　　要が生じてこよう.　そうすると，結果的には私の提案とほぼ同じ状況が生じることも考え
　　られる.　また別の視点からは，私の提案とSDGsは相互補完的な関係とみることができる
　　かもしれない.　なお，SDGsのうち，貧困・教育・ジェンダーなどの問題も非常に重要で
　　あるが，これらはまた別問題として解決を図る必要があろう.

第3章
SDGs と CSR はどのような関係か

SDGs とそれを実践するうえで有効な方法である CSR（企業の社会的責任）または SR（組織の社会的責任）というマネジメントの仕組みがどのような経緯で成立したのか，その関係性を正確に理解しよう．そのうえで，SDGs と CSR の一体的運用が持続可能な成長や発展につながることを確認する．日本の老舗や長寿企業の経営の哲学にも生かされた石田梅岩の心学の精神と西洋の倫理観を持つ CSR の精神の長所を融合させて日本型 CSR を創造する．その際に，どういう点に配慮すべきかも検討する．

1 SDGs，CSR 誕生の背景

SDGs（Sustainable Development Goals；持続可能な開発目標）は17分野，169のターゲットからなり，2030年までに世界が達成すべき目標である．温暖化対策などの地球環境問題から貧富の格差の解消，世界的な感染症への対策，住みやすいまちづくりや質的に高い教育を受ける権利など，広範囲におよぶ人類共通の課題である．本書の「はじめに」でも触れたように，「持続可能な開発」とは，現世代の人々が「誰一人取り残さない」（leave no one behind）公正な世界を実現し，次世代の人々に対してより改良された自然資産と社会資産を手渡す責任をもつという意味である[1]．

1. 貧困をなくそう / No Poverty
2. 飢餓をゼロに / Zero Hunger
3. すべての人に健康と福祉を / Good Health and Well-Being
4. 質の高い教育をみんなに / Quality Education
5. ジェンダー平等を実現しよう / Gender Equality
6. 安全な水とトイレを世界中に / Clean Water and Sanitation
7. エネルギーをみんなに そしてクリーンに / Affordable and Clean Energy

8．働きがいも経済成長も / Decent Work and Economic Growth

9．産 業 と 技 術 革 新 の 基 盤 を つ く ろ う / Industry Innovation and Infrastructure

10．人や国の不平等をなくそう / Reduced Inequalities

11．住み続けられるまちづくりを / Systainable Cities and Communities

12．つくる責任 つかう責任 / Responsible Production and Consumption

13．気候変動に具体的な対策を / Climate Action

14．海の豊かさを守ろう / Life below Water

15．陸の豊かさも守ろう / Life on Land

16．平和と公正をすべての人に / Peace, Justice and Strong Institutions

17．パートナーシップで目標を達成しよう / Partnerships for the Goals

　SDGs の目標設定の直接の対象は加盟各国の政府だが，世界を構成するすべての個人や企業，団体に直接呼びかけているのが特徴である．親しみやすく人目につくアイコンやバッジも活用しているが，人類の生存可能性が危機的な状況にあることの証左ともいえる．SDGs は現代世界に生きる人々の幸福とは何か，ビジネスや人間活動と自然環境との共存・共生，国と国との間，人と人との間の貧富の格差をどう解消するのかを各国政府に問うている．

　「温暖化対策」の分野では原子力が持続不可能なエネルギーであり自然由来の再生可能エネルギーへ転換するように明言していない弱点もあるが，この17の分野は現世代に生きる大人が国境を越えて解決を迫られる喫緊の課題である．

　この SDGs で強調される持続可能性または持続可能な開発に関わる国際問題はいつごろから議論されるようになったのか，簡単に振り返っておこう．

　1972年，科学者，経済学者，教育者，経営者などからなるローマ・クラブは『成長の限界』（*The Limits of Growth*）という報告書を公表した．タイトルにあるようにこれまでの成長方法では，爆発的な人口増加や食料難，環境汚染，資源の枯渇が進み，100年以内に地球上の成長は限界に達するとして，これまでの成長方法から世界的な均衡経済へ移行するように訴えた[2]．

　国連の環境と開発に関するブルントラント委員会が1987年に公表した *Our Common Future*（『我ら共有の未来』）で持続可能な開発（Sustainable Development）という用語が初めて使用された．その報告書では，持続可能な開発を次のように説明している．「将来の世代の欲求が満たされるように現在の世代の欲求を満たす持続可能な開発を可能にする能力を人類は持っている[3]」．

　人類社会の持続可能性に関わる主要な国際会議を振り返ると，1990年代は地球温暖化対策を軸に論じられ，21世紀に入ると，持続可能な開発というキーワードで人口増加や食料安全保障，種の絶滅やエネルギー問題など広範囲の人類史的課題が議論されるようになった．

　1992年の「国連環境開発会議」（「地球サミット」），1997年京都での国連気候変動枠組条約締約国会議（COP7），2000年の国連ミレニアム・サミット（MDGs を採択している），2015年にパリで行われた COP21 がある．2015年のパリ協定では，2000年の MDGs（Millenium Development Goals）を発展的に継承した SDGs（Sustainable Development Goals）が採択されている．

　国連が主導する持続可能な開発へのこれまでの取り組みは，大国の離脱や背信行為もあって一部の実績を除きその多くが未達成に終わり，新しい目標やスローガンを更新しつつ，年々悪化する環境的・社会的リスクに懸命に対応してきたのが実状である．だが，世界が団結して取り組めば，目標がほぼ達成された事例もある．南極上空のオゾンホールの減少である．太陽からの有害な紫外線から守るオゾン層の濃度が薄くなり穴が開いたようになるオゾンホールが2000年以降閉じつつあり「オゾン層が回復している」と報告されている．1987年に採択されたモントリオール議定書で冷蔵庫などの冷却設備やエアゾール缶に使用されていたクロロフルオロカーボン（CFCs）の使用禁止を決めいちはやく世界的に実行したことが成果を生んだといえる[4]．

　MDGs（2000年採択）と SDGs（2015年採択）の違いについて確認しておこう．MDGs は，発展途上国への先進国からの援助という側面が強く，掲げる目標も8分野に過ぎなかったが，SDGs は先進国も発展途上国もともに責任を持つ17分野にわたる総合的な領域を網羅している．

　日本政府は SDGs への国家目標を制定している．女性の活躍や人権，CSR の企業への導入も提唱している点は一部評価できるが，福島原発事故を引き起こした責任から持続不可能な原子力エネルギーから撤退し再生可能エネルギーへシフトすることや，貧富の格差の是正，非正規雇用から正規雇用への転換など日本の持続可能性に関わる政策を正面に据えていない．しかも第1章でとりあげた日本の低い国際競争力（総合的な経済力）や日本人の低い幸福度を高める施策もその中には織り込まれていないので，現状は甚だ心許ない[5]．

　この SDGs への取組は企業規模に関わりなく，社会の発展方向と会社の成長方向が同じベクトルを向くように調整され，会社の経営理念や経営計画に組み込まれなければ，SDGs の実効性は期待できない．

　国連の SDGs コンパスという企業の行動指針には，SDGs は企業の成長への
チャンスである，持続可能な企業価値の向上に役立つなど，会社の利益に沿う趣
旨の動機づけを行っている．だが，経済活動を担う会社の経営哲学や経営理念の
根本的な再考を問いかけていないので，本章第3節で触れるように SDGs を会社
や組織に導入する際に留意しなければならない[6]．

　つぎに，20世紀末から21世紀初めにかけて台頭した現代 CSR は，可視化され
た企業の倫理的行動の全般的マネジメントである．なぜ企業の倫理的な行動が求
められたのかをエンロン事件を事例に振り返っておこう．

　20世紀末から21世紀はじめにかけて，それまで経済の主役であった製造業中心
のオールド・エコノミーの景気循環がなくなり IT 企業が経済を牽引し長期的な
景気拡大が可能になると楽観視するニュー・エコノミー論がもてはやされた．現
在，この考えは誤りであったことがわかっている．

　ニュー・エコノミーの旗手と賞賛された米国の総合エネルギー会社であったエ
ンロン社（Enron Corporation; 本社はテキサス州ヒューストンで社員は2万1000人）は，
2001年12月2日，ニューヨークの連邦破産裁判所に連邦破産法11条の適用を申請
し会社更生手続きに入った．同社の負債総額は310億ドル（約3兆8000億円）を超
え，米国史上2番目の倒産になった[7]．

　1985年に天然ガスのパイプラインの敷設運営を主力事業としていた同社は，
1990年代に始まる電力自由化政策に応じてエネルギー商品の先物取引（金融派生
商品で金融デリバティブという）を事業の柱に，急速な多角化と事業拡大を推進した．
実際には，多くの事業で赤字を抱えていたのでその損失をペーパーカンパニー
（架空の会社）に飛ばして隠し，利益が出ているかのように決算書を粉飾して証券
市場と株主を欺き，同社の株価を恣意的に引き上げていた．これを簿外債務（貸
借対照表に記載されない負債）という．証券取引法の虚偽記載に相当する違法行為で
ある．

　会社の決算書の作成に違法行為がないか監査をする監査機関もこの違法行為に
加担していたことも分かった．監査法人アーサー・アンダーセン（Arthur Andersen）
はエンロンから高額の手数料を受け取りこの簿外債務の行為をチェックせず，監
査法人自ら粉飾会計に協力していた．有価証券報告書への虚偽記載が明らかに
なってエンロンの株価が急落し社会的信用を失って倒産した．

　エンロンでは，会社の経営不振の実績から株価の下落を十分に知りながら最高
経営者が自社株を高い価格で売り抜いて利益を自分のものにし，従業員には自社
株の購入を呼びかけて損失を被らせる背信行為まで行った．

　2006年，エンロンのスキリング（Jeffrey Skilling）CEO は，不正行為と共同謀議の有罪判決（懲役24年，罰金4500万ドル）を受けた．経営者の拝金主義とエゴイズム，モラル・ハザード（moral hazard; 倫理の欠如）が極まった事件である．同事件から，企業責任者による不正行為の監視や予防策の強化が社会的関心事となり，CSR と並んで，コーポレート・ガバナンス（Corporate Gpvernance; 企業統治）が注目されるようになった．

　アメリカを中心とする資本主義企業のモラルが疑われ社会の信用制度が崩壊しかねない危機的事態に直面して最初に対策を講じたのは，EU である．表 3 - 1 にも見られるように，21世紀の早い時期から，EU は CSR に対する施策を経済政策の中軸に据えて世界に先駆けて取り組んだ．[8]

　2000年 3 月のリスボン・ヨーロッパ・サミットで，持続可能な社会にむけた企業の社会的責任に初めて言及し，完全雇用の創出や IT 技術革新，市場活性化，社会的連帯に基づく豊かな EU への10カ年計画が策定された．これをリスボン戦略と呼んでいる．この戦略策定以降，EU 加盟各国の政策当局が主導する CSR が本格的にスタートする．

　このような CSR への EU の取り組み以外にも，国際労働機関（ILO）の「労働における基本的原則及び権利に関する ILO 宣言」，経済協力開発機構（OECD）の「OECD 多国籍企業ガイドライン」や，2000年にアナン事務総長（当時）によって提唱された国連グローバル・コンパクトなどグローバルな市場で経済的影響力を広げる多国籍企業への社会的規制が強まっていた．しかし，企業の社会的責任という考えから企業や組織の倫理的なマネジメントに体系化されたものではなかったので，ISO（International Organization od Standardization; 国際標準化機構）が非営利組織を含む組織一般の社会的責任規格の世界標準の作成を始め，2010年，「組織の社会的責任規格」として，ISO26000 が発行した．

　以上の背景から，CSR は2010年に発行した ISO26000 という組織の社会的責任の規格に包括され体系化された．ISO26000 は以下の 7 つの中核主題をもっている．[9]

　　1　組織統治
　　2　人権
　　3　労働慣行
　　4　環境
　　5　公正な事業慣行

表 3-1　CSR に関わるヨーロッパの政治的出来事（1998～2006年）

1998年	ジレンハマー・レポート	1997年ルクセンブルクで開かれた雇用サミットの結果，産業の変化に伴う経済的，社会的諸結果を調査するハイレベルのグループが組織された．ジレンハマー・グループは従業員1000名を超える事業所はその社会活動の影響に関して毎年レポート作成することを義務づけた．	
2000年 3月23～24日	リスボン・ヨーロッパ・サミット	EU のリスボン・サミットは，次の10年間に世界で最も競争力をもちダイナミックな知識集約型経済になる戦略目標を決定した．それは，より多くのより良い雇用とより大きな社会的結合力で持続可能な経済成長を可能にする社会である．ヨーロッパ協議会は，生涯学習や労働組織，議会の平等，社会的絆（inclusion），持続的な開発に関わるベストプラクティスへの企業の社会的責任について初めて直接的なアピールを表明した．	
2000年 6月19～20日	フェイラ・ヨーロッパ・サミット	フェイラのヨーロッパ審議会は企業の側の社会的責任に関する意見を求めるヨーロッパ対話のネットワークを開始することを歓迎しその方針にしたがうことを称賛した．	
2000年6月28日	社会政策アジェンダ	雇用と経済的結果，市場統合ニューエコノミーにたいする労働条件の対応において本質的に重要となる CSR の重要性が強調された．その結果，ヨーロッパ委員会は2001年に CSR を企業レベルで推薦していくことを表明した．	
2001年 3月23～24日	ストックホルム・ヨーロッパ・サミット	企業における CSR の推進にイニシアチブをもつことを歓迎しこの分野におけるアイディアの一層の広がりをはかるためにグリーンペーパーの発行に言及した．	
2001年6月18日	ヨーロッパの CSR 体制を促進するグリーンペーパーの発行		
2001年 11月27～28日	EU 社会政策アジェンダに基づく CSR	CSR に関するベルギー統括会議	
2002年7月2日	CSR に関する通達――持続可能な開発へのビジネスの貢献――		
2002年10月6日	CSR に関する EU マルチ・ステイク・フォーラム	ヨーロッパ委員会が議長となって，経営者，業界団体，労働組合，NGO の代表が協力して CSR の実践やその手法について革新や集中，公開をもたらすために組織された．	
2002年 11月21～22日	ヨーロッパ中に CSR を主流にする取組	CSR に関する EU 統括会議（デンマーク）	
2002年 12月2～3日	CSR に関するヨーロッパ会議の決議		
2003年5月13日	CSR に関するヨーロッパ議会レポート		
2003年11月14日	CSR を推進する公共政策の役割	CSR に関する EU 統括会議（イタリア）	
2004年6月29日	CSR に関する EU マルチ・ステイク・フォーラム	最終報告書が委員会に提出される．	
2005年2月2日	成長と雇用の成立 ――リスボン戦略への新たなスタート――	EU の新しい成長と雇用戦略において，ヨーロッパ委員会は次の点を強調した．CSR の実践は多くのより良い雇用を生み出しヨーロッパの潜在的な革新と競争力を高めると共に持続可能な開発への貢献で重要な役割を果たす．	
2005年2月9日	社会アジェンダ 2005～2010	成長と雇用のためのリスボン戦略のもとでヨーロッパの現代的な社会モデルを構築する．それは CSR を促進する．EU 委員会は加盟国とその諸政党と共に CSR の開発と公開をイニシアチブをもって進めていく．	
2005年 3月22～23日	ヨーロッパ協議会（ブリュッセル）	魅力的なビジネスと仕事を供給し投資を促すために，EU は企業が社会的責任を開発している間に域内市場を完成しビジネスに好都合だが規制された環境をつくりあげねばならない．	
2005年3月22日	CSR 通達――成長と雇用のための協力関係の実行，ヨーロッパを CSR の卓越した地域にする――		

（出所）Francesco Perrini, Stefano Pogutz, Antonio Tencati, *Developing Corporate Social Responsibility: A European Perspective*, Edward Elgar Publlshing Limited, 2006, pp. 14-15.

6　消費者に関する課題
7　コミュニティ参画および発展

　ISO26000 は組織一般の倫理的な行動を推進するための史上初の社会的責任の手引きに関する国際規格である．ISO9001（品質マネジメントシステム―要求事項）や ISO14001（環境マネジメントシステム―要求事項）のように，第三者の認証を受け取らなくても良く，「ガイドライン」としての位置づけに留まったために，認証を受け取るための費用は不要になる．だが，実際には，ISO9001 や ISO14001 の認証を受け一定のマネジメントシステムを持つ企業（組織）とそのマネジメントシステムを持たない企業（組織）では，目標設定や実行・責任の分業化・組織化，実績に対する自己点検の精度などで実績に大きな格差が生まれている．

　ISO26000 は，株主や社員，労働組合，消費者団体，NPO などのステークホルダー（stakeholder; 利害関係者と訳されている）の意見や提言を摂取して会社の持続可能な成長方向を模索するステークホルダー資本主義（stakeholder capitalism）の考えが大きく反映している．このステークホルダー資本主義の学説を提唱したバージニア大学教授のエドワード・フリーマン（R. Edward Freeman）の主張を紹介しよう[10]．

　フリーマンは，「stakeholder capitalism」という共同論文の中で，社会的な価値の創造と協働を尊重しステークホルダー資本主義（stakeholder capitalism）への転換を主張し，その考えを図 3-1 のように図解した．

　図の中心に企業があり，その周りに，オーナー（大株主），金融界，行動団体，顧客，消費者団体，労働組合，従業員，業者団体，競争当事者，供給業者，政府，政治団体という12のステークホルダーが描かれている．企業と12のステークホルダーの間には双方向の矢印が描かれている．この矢印の意味は直接には触れられていないが，組織均衡論の創始者であるバーナード（C. I. Barnard）の「貢献」，「誘因」とみなされる．

　貢献（contribution）とは，組織に提供する活動やサービスの意味（図解では企業に向いている矢印）であり，誘因（inducement）とは，その活動に対して組織から得られる価値（報酬）の意味（図解では企業から逆方向に向いた矢印）である．この貢献＜誘因のときには組織は存続するとバーナードは主張する．従業員から見た誘因が貢献以上に高く見なされるように経済的報酬だけでなく忠誠心を涵養するなど企業と従業員との均衡ある調整を図ることが経営者の役割であると述べた[11]．

　このステークホルダー論はステークホルダーが公正な判断基準を持って企業と

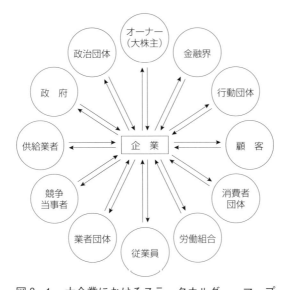

図 3-1　大企業におけるステークホルダー・マップ

（出所）Edward Freeman, "Stakeholder Management: Framework
and Philosophy," Andrew Crane and Dirk Matten ed.,
Corporate Social Responsibility, Vol 2, 2007, p. 269.

の利害関係をもつことが理想として想定されている．現実は，逆のケースも多い．
仮に，ある電力会社が原子力エネルギーから再生可能エネルギーに全面転換しよ
うとするなら原子力エネルギーを維持し復活強化しようとする日本政府や原子力
村といわれる原子力シンジケート（利害共同体）のエネルギー政策と衝突するだろ
う．消費者団体や環境保護団体の中にも企業の消費者対策や環境保護対策を一面
的に擁護したり逆に辛口の批評を行う団体もあるだろう．企業がどのようなス
テークホルダーを選択するかは，最終的には CSR に対する企業の公正かつ公益
に資するポリシー（経営理念，経営哲学）を持つかどうかで決まる．ステークホル
ダー資本主義は，一部に非現実的な理想論を説いてはいるが，アメリカ経営学が
永らく信奉してきた株主利益の最大化や競争戦略本位の利己的な経営理論とは異
なり，「社会と企業」との共生や共益，公正を重んじる経営思想である．
　このステークホルダー資本主義の考えに立つ ISO26000 は，現行の経営理念や
経営哲学，社是，コーポレートポリシーを再考して変革し，本業を中心にどのよ
うに倫理的な事業を行うべきか，また，SR（社会的責任）を推進するための組織
のあり方についても触れていない．「説明責任」を原則にするが，ビジネスが不

祥事や環境災害をもたらしたときの「結果責任」には触れないガバナンス上の弱点も残しているので，経営の現場に導入するときには，相当な工夫が必要になるだろう．

2　SDGs は宝物，CSR は宝船

　売上高の半分以上が海外にあり，何千人，何万人の社員を擁する多国籍企業にとって，SDGs の17分野のどれもが事業を進める上で切実な課題になるだろう．他方，日本の圧倒的多数の中小企業は，17分野のどこかで本業を軸に社会貢献する機会を見出し選択するアプローチも求められる．CSR をすでに先行実施してきた企業は，CSR の７つの分野を柱に掲げて実践してきている．その中には，女性の役員登用やダイバーシティ（国籍，年齢，性別などの多様性）の尊重あるいは働きがいのある職場への変革（SDGs の 5．ジェンダー平等を実現しよう，8．働きがいも経済成長もに相当する）などの実績をもつ企業も多い．これらの重複する目標は企業として調整して，SDGs の目標に絡めた新しい合理的な CSR 目標を設定すれば良い．

　ただし，持続可能な成長を考え実行する際には，CSR（SR）というマネジメントシステムを確立することが最優先されなければならない．SDGs は企業の倫理的な事業の取り組みの目標（将来の成果）であって，その目標を有効に実現する仕組み（手段）が CSR（SR）である．CSR には，倫理的なガバナンス（Governance；会社統治，組織統治）と PDCA サイクルというマネジメントの独自の仕組みが備わっており，企業の公正で倫理的な方向はこのマネジメントで決められるためである．この CSR（SR）が正常に機能して初めて，国際的な課題である持続可能な目標（SDGs）が実現可能になる．SDGs は将来の宝物だが，CSR は正確な羅針盤を持ち社員の間で仕事を分担してその宝物を実現し運搬する七福神（社長や従業員）が乗る宝船と考えればわかりやすい[12)]．この宝船なしにどうやって宝物を生み出し目的地の成長地点に正確に運ぶのかを考えるなら，CSR（SR）の重要な役割が浮き彫りになる．CSR の具体的な仕組みは，第９章を参照されたい．

3　SDGs，CSR，石門心学の導入の留意点について

　SDGs と CSR の成立の背景とその関係性，相違点をこれまで説明してきた．ここでは，SDGs と CSR の導入の際に，アメリカのフリードマンの CSR 否定論

とそのフォロワーである M. E. ポーターという大学教授が提唱した CSV につい
て簡単に触れておく．また，日本の商人道の礎を築いた石田梅岩の心学を導入し
て日本型 CSR に応用する際の若干の留意点も述べる．

　今日のアメリカ経営学を根底から特徴づけているのが，フリードマン（Milton
Friedman）の「株主利益の最大化」論である．フリードマンは『資本主義と自
由』という著作の中で，企業の社会的責任を次のように論じている．「市場経済
において企業が負うべき社会的責任は，公正かつ自由でオープンな競争を行うと
いうルールを守り資源を有効活用して利潤追求のための事業活動に専念すること
だ．これが企業に課されたただ1つの社会的責任である．……企業経営者の使命
は株主利益の最大化であり，それ以外の社会的責任を引き受ける傾向が強まるこ
とほど，自由社会にとって危険なことはない」．[13] この利己的な社会的責任論は，
2030年を目指して温暖化対策を取り決めたパリ協定から真っ先に離脱したアメリ
カの環境政策と酷似している．本書の「はじめに」でも述べたように，元々，持
続不可能な社会へ突き進んでいる世界経済・社会の実態とその原因を分析しその
解決策としての CSR もしくは企業の社会的責任が取り扱われている背景を無視
し，「自由」の名の下に，株主利益の最大化を図ることが唯一の責任であると豪
語し短絡化する主張は，米国資本主義を支える一部企業に流れる経営・経済思想
の反映である．

　21世紀のはじめに実務的に確立した CSR に対抗してそれに取って代わる CSV
を主張したのが，ハーバード大学教授のポーター（M. E. Porter）である．CSV
（Creating Shared Value; 共通価値の創造）という概念は，組織の社会的責任の国際規
格（ISO26000）が検討されていた時期に，本業による社会貢献や環境貢献が欠落
した規格になることを心配したネッスルというアメリカの飲料メーカーが独自に
開発したものである．ISO26000 を立案した委員の多くは消費者団体のスタッフ
であったために営利企業の事業（本業）への配慮が不足していたと思われる．

　元祖ネッスルの使用許諾を受けたハーバード大学の M. E. Porter は，自分の論
文の中で CSR に対抗しそれに代わるマネジメント手法として CSV を公表した結
果，CSV は一躍有名なマネジメント用語になった．ネッスル社が最初に開発し
た CSV は，元来，CSR を基底にしたもので，CSR から分離された CSV という
ポーターの主張は，ネッスル社の CSV の趣旨をねじ曲げるものであることを筆
者は「ポーター CSV 概念の批判的考察」（2018年3月）という論文で厳しく指摘
した．[14]

　ポーターの CSV 概念の危険性を憂慮した日本の CSR 研究の有力な経営実務家

グループは「CSR と CSV を考える会」を組織し，2014年，『「CSR と CSV に関する原則」の提言―― ISO26000 の視点から――』を公表している[15]．そこでは，次の 4 点が確認された．「1．CSR は企業のあらゆる事業活動において不可欠です，2．CSV は CSR の代替とはなりません，3．CSV は CSR を前提に進められるべきです，4．CSV が創り出そうとする「社会的価値」の検証と評価が必要です」．

　資本主義企業による SDGs や CSR への取組みは「倫理的な見せかけ」であり，「現代版大衆のアヘン」と揶揄し，SDGs や CSR を否定する急進左翼的な考えも一部にある[16]．だが，本書の「はじめに」でも触れたように，SDGs も CSR も持続可能な社会へ向けたマネジメント・ツールとしての有効性を認め，修正・改善して良心的な企業やステークホルダーとの協働・連携の拡大・強化に尽力する責任が現世代にあるのではないか．

　CSR 情報の公開や説明責任を掲げる CSR は西洋的なモラルのある資本主義への誘導を試みているが，この CSR を日本に導入する際に，日本の老舗や長寿企業が伝統的に尊重してきた石田梅岩の「心学」の精神を取り入れて，日本型CSR に創り変えることを推奨したい．

　石田梅岩（1685～1744）は，京都府亀岡（現在地名）の出身で，京都の商家で奉公しながら独学で儒教や神道，仏教を学び，小栗了雲という在家の仏教者に師事したのちに独自の哲学を確立した．43歳で商家勤めをやめ，一念発起して，身分や男女の差別なく平等に無料の哲学の講義を行った．それまでの官製の学問や寺子屋では満たされない人の生き方や世界観が学べると評判になり，石田梅岩の心学（梅岩死後は石門心学という）と称された．体制を擁護する学問に仕える朱子学者の批判にも応え，武士の道，町人の生き方，家族のあり方など，どのような質問も受け入れ，人としての正しい生き方，考え方を諭した．10年間の心学講義を集大成した『都鄙問答』や『倹約斉家論』を著している．

　なかでも商人道を説いた次の一節は，現代の経営にもつながるビジネスの本質を簡潔に述べている．「世間のありさまを見れば，商人のように見えて盗人あり．實の商人は先も立ち，我も立つことを思ふなり．紛れ者は人をだまして其の座をすます[17]」．「先も立ち」とは，通常，得意先の利益をイメージするが，現代に置き換えれば，得意先だけでなく消費者や地域社会への配慮，自然環境の保全も含まれるであろう．「我も立つ」というフレーズが最初になく，「先も立ち」の後方に位置づけられていることに注目したい．「立つ」という言葉には単なる利益の実現だけでなく，その取引先の家族や地域社会の幸福をもたらすことも含まれる．

このような商人をめぐる弁証法的な経営思想は，欧米の経営学やテキストにも見当たらず，石田梅岩の商業哲学の真骨頂である．もちろん，産業資本主義が社会体制となる明治期以降の資本とは企業規模がはるかに小さく，家父長的な人的結合の深い経営が主体の商業資本を念頭においた商人道ではあるが，ビジネスの倫理的な考えの礎を先駆的に築いたことは疑いない．

　経営の目的は，自社が開発したり生産した物やサービス（富）を人々に適正な価格で販売し，人としての生活に潤いや健康の増進を図ることにあると述べている．「商人は勘定委しくして，今日の渡世を致す者なれば，一銭軽きと云うべきに非ず．是を重ねて富をなすは商人の道なり．富の主人は天下の人々なり．主の心も我が心と同じゆえに，我一銭を惜しむ心を推して，売り物に念を入れ少しも粗相をせずして売り渡さば，買う人の心も初めは金銀惜しと思えども，代物の能を以ってその惜しむ心自ずから止むべし」[18]．

　金儲けを第一義に考える商法は，商品を手段として考えるが，それは間違いで，その完成した商品を受け取った顧客の満足が得られることで富が人々に行き渡る．そこにビジネスの第一の目的（責任ある富の分配と消費）があり，そのあとで，お金と信用がともに得られて，我の商売も成り立つと述べている．富の主人は経営者（我）とは言わず我が社の商品を購入していただく人々であると断じている．富はお金そのものではなく，我が社の商品を顧客が消費して満足していただくことにあると看破した．貨幣崇拝に陥っている現代経営者は肝に銘じるべきではないか．石田梅岩は先駆的にビジネスの王道を示した．

　「商人の道を知らざる者は，貪ることを勉めて家を滅ぼす」[19]武士に道があるように，商人にも道があり，富を天下に流通させ，正直・誠実な経営こそ繁栄できる，利己本位に走ると経営破綻する，と説いた．

　「物を施すは禮を受くる為にはあらず」[20]困っている人に物やサービスを施すことは返礼を期待するためではなく，人民が1人でも健康になり命が助かれば，自分も幸福になるという「自利」と「利他」の好ましい関係を説明している．現代のボランティア活動や寄付行為にも当てはまり，SDGsの精神そのものといえる．

　石田梅岩の心学，とりわけ商人道を学び，ビジネスの奥深い倫理的な価値観で善悪を判断し会社の成長を考えるなら，SDGsやCSRに主体的に取り組むことは必然の帰結となる．会社の提供する製品やサービスが，最終的に人々の生活や心を豊かにするかどうか，そのプロセスで協力関係にある利害関係者の支援や働きに応えられる利益を提供できるかどうかを時間をかけて全従業員の知恵や創意も引き出しつつ，サステナブルな会社の進むべき方向性を経営理念やポリシーに

集約する作業に取り組むべきである．石田梅岩の心学には長所も多いが，封建体制下の身分差別を肯定し，儒教思想の影響から社会体制を民主的に改革・変革するという思想に欠いていた短所も認めざるをえない[21]．

現代の経営環境は，江戸時代とは異なり，地球温暖化や世界的感染症，原発事故の脅威などグローバルな問題が山積しており，個別企業の取組みだけでは対応できない課題も多い．富の主人である人々の生活を豊かにする目的を持った経営（ミクロ）をサポートする国や自治体の政策や制度（マクロ）も心学の精神で本領を発揮するように活性化されなければならない．このミクロとマクロの公正な協働関係の確立と石田梅岩の心学をも取り入れた日本型 CSR を主体的に創造的に取り組むべきであろう．

CSR は情報公開と説明責任を原則としているが，社会的に立派な会社であることを装った「CSR 偽装」もあり，CSR 格付け機関もビジネスに関心を持つ市民も CSR の真贋（しんがん）を見抜く力をもたねばならない．

陰徳陽報や先義後利（せんぎこうり）などの日本の伝統的な商業道徳から，CSR 情報の公開が偽善，自画自賛や売名行為にあたるのではないかという懐疑的な考えも一部の企業に根強くある．しかし，事実に即して CSR 情報を公開することは，市民社会の一員である企業の誠実で積極的な姿勢として，働く者や株主，顧客，市民から歓迎されるであろう．

注

1 ） 〈https://sdgs.un.org/goals〉，2020年 8 月15日取得．
    United Nations, *The Future is Now; Science for Achieving Sustainable Development, Global Sustainable Development Report 2019*, 〈https://sustainabledevelopment.un.org/content/documents/24797GSDR_report_2019.pdf〉，2020年 8 月10日取得．
2 ） World Commission on Environment and development, *Our Common Future*, 1987.
3 ） *Ibid.*, p. 8.
4 ） 〈https://wired.jp/2016/07/05/ozone-layer-healing/〉，2020年 8 月10日取得．
5 ） SDG 推進本部『令和元年12月 SDGs 推進本部 SDGs アクションプラン2020〜2030年の目標達成に向けた「行動の10年」の始まり〜』〈https://www.mofa.go.jp/mofaj/gaiko/oda/sdgs/pdf/SDGs_Action_Plan_2020.pdf〉，2020年 9 月 8 日取得．
6 ） IGES 訳『SDGs コンパス：SDGs の企業行動指針』〈https://sdgcompass.org/wpcontent/uploads/2016/04/SDG_Compass_Japanese.pdf〉，2020年 9 月14日取得．
7 ） 足立辰雄『原発，環境問題と企業責任――環境経営学の課題――』新日本出版社，2014年，158〜159頁．
8 ） 同上，167頁．

9) 日本規格協会編『ISO26000──社会的責任に関する手引き──』日本規格協会，2011年．

10) Edward Freeman, "Stakeholder Management: Framework and Philosophy," Andrew Crane and Dirk Matten ed., *Corporate Social Responsibility*, Vol 2, 2007, p. 269.

11) Chester I. Barnard, *The Functuins of the Executive*, Harvard University Press, 1938, pp. 82-83（山本安次郎他訳『経営者の役割』ダイヤモンド社，1977年，85〜86頁）．

12) 足立辰雄『マンガでやさしくわかる CSR』JMAM，2017年，245頁．

13) Milton Freedman, *Capitalism and Freedom*, University of Chicago Press, 2002, pp. 133-134（村井章子訳『資本主義と自由』日経 BP 社，2012年，248〜249頁）．

14) 足立辰雄「ポーター CSV 概念の批判的考察」『立命館経営学』56(6)，2018年，107〜122頁．M. E. Porter and M. R. Kramer, "Creating Shared Value," *Harvard Business Review*, January-February 2011.

15) アジア・太平洋人権情報センター（ヒューライツ大阪）・CSO ネットワーク『「CSR と CSV に関する原則」の提言── ISO26000 の視点から──』〈https://www.hurights.or.jp/japan/news/csr-csv.pdf〉，2020年7月9日取得．闔正雄『SDGs 経営の時代に求められる CSR とは何か』第一法規，2018年，84〜86頁．

16) 斎藤幸平『人新世の資本論』集英社〔集英社新書〕，2020年，4頁．Peter Fleming and Marc T. Jones, *The End of Corporate Social Responsibility: Crisis & Critique*, SAGE Publications, 2013, 百田義治監訳『CSR の終焉──資本主義における役割を問う──』中央経済社，2019年，14〜45頁．

17) 石田梅岩『都鄙問答』岩波書店，2016年，65頁，下線は筆者による．

18) 同上，26頁．

19) 同上，57頁．

20) 同上，111〜112頁．この言葉は石田梅岩自身が直接述べたものではない．日々，倹約に努める店主が何のよしみもないのに出入りの働く者に米穀を施すので，奉公人がその理由を尋ねたときの店主の返答である．良く貯え，良く施すこの店主は實の学者であり「その志，誰もかくありたいものなり」と石田梅岩も共感し，高評しているので，紹介した．

21) Robert N. Bellah, *TOKUGAWA RELIGION*, 1985, 池田昭訳『徳川時代の宗教』岩波書店〔岩波文庫〕，2014年，305頁，参照．宮本又次『近世商人意識の研究』有斐閣，1942年，194頁，参照．

石田梅岩の心学を経営に生かす

第4章

ビジネスマンは石田梅岩から何を学ぶか

石田梅岩（1686～1744）・石門心学とは

実践教育者で思想家．目指した哲学は，全て
の人々が勤勉に職分を全うできるよう心を養い，
とりわけ商人は聖人の道に学び永続的繁栄を図
ること．清新・正直な行状の継続と神儒仏の真
髄の会得により，争いのない平和に満ち溢れた
世界の実現に導こうと努めた．

著書に『都鄙問答』『斉家論』，弟子の編集書
に『石田先生事蹟』『石田先生語録』がある．

逝去後，門人の手島堵庵が体系化した「石門
心学」が全国に広まり，180舎以上の心学講舎
が設立された．元々，朱子学，陽明学を心学と
称していたが，堵庵以後，石田一門の教えとし
ての石門心学が定着し，心学と言えば一般に石
門心学を指すようになった．

図4-1　石田梅岩肖像
（出所）心学明誠舎蔵．

1　石田梅岩の一生より何を学ぶか

(1)　先祖は武士，農家に生まれ，商家に勤める

梅岩（幼名・勘平）の先祖は武士で，曾和市郎兵衛といった．東掛・大野・湯谷
の各村（現亀岡市）を治めていた会津出身の石田左衛門尉為方（足利義晴に仕える）
に召抱えられていた市郎兵衛が，明智光秀の人質となった石田氏の子息（9歳）
を，助け出し匿い養育したことから，石田姓を賜った．

その後，市郎兵衛は出家して春現寺（曹洞宗）に入り春現を名乗る．春現の次
男・甚右衛門が南家に養子に行き，こちらも石田姓を賜り，梅岩の祖となる．

梅岩は貞享2（1685）年に丹波国桑田郡東掛村に生まれた．東西に山が迫り，
生家の面前には八幡神社，春現寺があり，少し南に行くと氏神の春日神社となる．

【家系図】
　　　　　　　　（初代）　　　　　　　　　　　（祖父）　　（父）　　　　　（兄）
＊曾和市郎兵衛 － 石田甚右衛門 － 利右衛門 ── 勘兵衛 ── 権右衛門 ┬─ 平兵衛
（春現）　　　　（1601年没）　（1630年没）　（1668年没）（1716年没）└─ 勘平

　梅岩は大自然の中で育ち，禅僧や神官，村の知識人の導きにより思想形成上，大きな影響を受けたであろう．後に手島堵庵が書いた絵図より伺い知れる．

　11歳で京都の商家に奉公に出るが，勤め先の経営状態が悪化し4年ほどで帰郷し農業に従事する．この最初の奉公時分は元禄期（1688〜1704）に当たり，京都市中は活況を呈し，好景気下における商家の盛衰ぶり，人々の消費生活ぶりも目の当たりにしたことであろう．

　この頃のことを振り返って，「われ生質理屈者にて，幼年の頃より友にも嫌われ，只意地の悪きことありしが，14，5歳の頃ふと心付いて，是を悲しく思う」と『石田先生事蹟[1]』（以下『事蹟』）に書かれている．記憶力に富んだ天才（ギフテッド）であったが，対人関係では深く悩んでいたのであった．

　23歳で再び京都へ出て呉服商・黒柳家に勤める．このとき既に「神道を説き広むべし，若し聞く人なくば，鈴を振り町々を廻りてなりとも，人に人たる道を勧めたし」との高い志を有していた．そのため早朝・深夜，昼間の奉公の合間にも書に親しんだ．同輩からその志を問われ「学問し古の聖賢の行いを見聞きし，あまねく人の手本になるべし」と答えている．青年期より人を教え導きたいという心願を有していた．

　しかし一途に思い詰める性格が災いし神経症を患う．奉公先の上役の配慮で，遊興に誘われ快癒するが，治癒後の遊興費まで黒柳家負担であったことを反省．脇差など自らの持ち物を売却して返済する生真面目ぶりであった．

　自己研鑽に精進し，かつ日々の仕事面においても情熱を傾け商家経営の要諦を学び，番頭まで昇進する．この時代の商家の体験が後に社会教育者となるに及んで，実学として生かされることになる．

　35，6歳の頃に「自性」を知ったと思っていたがその性に疑いが起こり，勤めのかたわら方々に師を求めたが叶わなかった．ようやく隠棲の学者・小栗了雲（1668〜1729）を探し当て師事する．了雲の影響は第2節で触れる．

（2）　**講舎を開き民衆教化**──『都鄙問答』の刊行──

　享保14（1729）年車屋町御池上ルの借家で学舎を開く．講席に際し常に表に掲げた行灯には「御望みの方は遠慮なくお通りお聞きなさるべく候．女中方は奥へ

お通りなさるべく候」とあった (心学明誠舎所蔵).

　使用した書は「四書・孝経・小学・易経・詩経・太極図説・近思録・性理字義・老子・荘子・和論語・徒然草等」. 和論語・徒然草を除いては，中国の古典であり，儒教の文献を中心に据えていた.

　女性可，紹介・束脩 (月謝) 不要，実学中心という画期的な訓導方針であった. 最初は聴衆も少なかったが，評判が徐々に高まり，毎日の講席に加え，京都のみならず，大阪，摂津・河内・和泉などへの出講釈が増えていった.

　『都鄙問答』の刊行にあたり，門人5名と城崎温泉に籠って，これまでの講義録の編纂を行い，翌年の元文4 (1739) 年に出版に至る. 中心の教えとなる「自性を知る」は「性理問答の段」で次のように説いている.

　　　仏性というは天地人の体なり. 至極の所は性を知る外に仏法あらんや. 仏より28世，達磨大師は見性成仏と説けり. また儒には道の大原は天に出ず. 依って天の命これを性という，性に率うは人の道なりと説きたまう　性というも天地人の体なり. 神儒仏ともに悟る心は一なり. 何れの法にて得るとも，皆我が心を得るなり. (『都鄙問答』92頁)

　商家での職務を通じての動中の工夫と，師・小栗了雲の提撕を受けて，梅岩の神儒仏への宗教観は磨かれたのであろう. 門人の上河淇水は，梅岩が神儒仏に寄せた境地を三聖一旨と表現している. 我が心を知ることが学問の目的であり，自身の心に一致した教えは自由自在に取入れ咀嚼し活用した. 教学を解り易く伝えるための引用であり，決して断章取義ではない. 一方で経書の語句ばかりにこだわる学者を，「文字芸者」「文書箱」と呼んだ. この直截的な物言いは，世の学者の反発を買ったことだろう. 農商の職業に従事し正規の学問の機会が得られなかったからこそ，体験が実学の源となり，その確信は揺るぎのないものであった. とはいえ，そのような梅岩が，何故社会教化の先導役として，300年後の今日まで命脈を保っているかは謎といえよう.

(3)　商人蔑視の時代背景の中，四民平等を説く

　将軍徳川綱吉・吉宗時代の政治的助言者の役割を担っていた荻生徂徠 (1666〜1728) は，享保12 (1727) 年に吉宗に上呈した『政談』で「商人の潰るることをば嘗て構う間敷きなり」と述べている. 当時，勃興した商人に対する批判は厳しいものがあった. そんな中で梅岩は『都鄙問答』「或学者商人の学問を譏るの段」で，職業は身分の上下ではなく社会的分業であると説く.

　　士農工商は天下の治まるたすけとなる．四民かけては助けなかるべし．四
　民を治めたまうは君の職なり．君をたすくるは四民の職分なり．士は元よ
　り位ある臣なり．農民は草莽の臣なり．商工は市井の臣なり．臣として君を
　たすくるは臣の道なり．商人の売買するは天下のたすけなり．細工人に作料
　を給わるは工の禄なり．農人に作間を下さることは是も士の禄に同じ．天
　下万民産業なくして何を以って立つべきや．商人の買利も天下御免の禄な
　り．それを汝ひとり売買の利ばかりを欲心にて道なしと云い，商人を憎んで
　断絶せんとす．何をもって商人ばかりを賤しめ嫌うことぞや（『都鄙問答』61
　頁）

　上記の通り，他の箇所では見られないほどの激しい語調で徂徠ら商人蔑視論者
を非難し，さらに言葉を継いで商人を擁護する．

　　商人の利を受けずしては家業勉まらず．吾が禄は売買の利なるゆへに買人
　あれば受けるなり．よぶに従って往くは，役目に応じて往くが如し．欲心に
　あらず．士の道も君より禄を受けずしては勉まらず．君より禄を受けるを欲
　心と云って，道にあらずと云わば，孔子孟子を始めとして，天下に道を知る
　人あるべからず．然るを士農工にはずれて，商人の禄を受けるを欲心と云い，
　道を知るに及ばざる者と云うは如何なることぞや．我教ゆる所は商人に商人
　の道あることを教えるなり．全く士農工のことを教ゆるにあらず．（『都鄙問
　答』61-62頁）
　　心は士にも劣るまじと思うべし．商人の道と云えども何ぞ士農工の道に替
　わること有らんや．孟子も道は一なりとのたまう．士農工商ともに天の一物
　なり．天に二つの道あらんや．（『都鄙問答』68頁）

　商人の道は武士に比しても劣ることがないと，言論統制の厳しい時代に処罰を
恐れず言い切っている．梅岩の職分による平等思想が躍如するところである．こ
の決死の主張が四民の共感を呼び，『都鄙問答』は版を重ね，今も私達はこの名
著を，岩波文庫を始めとした各種媒体で手軽に読むことができるのである．
　梅岩の教えが変わらず今日まで伝わっているのは，貧富・男女の枠を超えて学
びの場を提供した，京都・車屋町の狭い借家が源流となっている．記念碑が2基
建立されているのでこの聖地を訪れ，梅岩の刻苦に接してほしい．

2　小栗了雲がわかると梅岩の謎が解ける

(1)　越後騒動と小栗一族の運命

『事蹟』では，梅岩の生涯が詳かに語られている．中でも了雲とのやりとりは，362行中，31行（8.8％）に及ぶ．このことからも梅岩の生涯において，大きな影響を与えた人物は了雲であることが知られる．

　了雲とは何者か．文献（後述）には「了雲の父正宗，大宗美作の事に座す」と記録されているのみで，了雲が何事に座したかは具体的に触れられていない．

　大宗美作とは越後・高田藩の家老・小栗美作のことで，「事に座す」は事件に巻き込まれた（連座）という意味であろうが，そこから先は謎である．

　美作と了雲の関係を知ろうと，「越後騒動」の舞台となった上越市の関係地を訪ね，文献[4]にもあたった．

　「越後騒動」とは，越後・高田藩主であった松平光長の後継を巡る長い争いの末の悲劇であった．

　光長は徳川家康の次男，結城秀康（1574~1607）の孫に当る．家中では「本来であれば徳川秀忠の兄の結城秀康が二代目将軍である」との意識が強く，御三家に次ぐ家格を与えられていた．

　松平家の筆頭家老は小栗家で，秀康の代から側近として仕えており，家禄は1万8000石と小大名並みの羽振りであった．光長時代の家老は小栗美作であり，高田を襲った大地震の復興や，中江用水の開削による新田開発などに手腕を奮い，藩の石高26万石を実質40万石に増やした美作の功績は大であった．

　光長に実子はなく，後継を光長の弟と甥が競った結果，幕府・酒井忠清大老の裁定で甥の万徳丸に決定した．しかし弟である永見大蔵を推す勢力がこれに異を唱え，万徳丸を支持した小栗美作と対立した．永見方は，美作が子息・小栗大六を藩主の後継に据えようとしていると根も葉もない訴えを幕府に起こした．美作の妻は光長の妹であり，大六は光長の甥にあたる．

　延宝9（1681）年，高田藩の後継者問題は，将軍に就いたばかりの徳川綱吉が直接裁いた．この伏線は四代将軍・家綱の跡継ぎに際し，綱吉の就任に反対したのが酒井忠清，松平光長であったからだ．その報復を籠め，騒動を口実に藩は断絶，光長は領地召し上げの上，伊予松山藩へ預けられる．小栗美作・大六親子は切腹．美作と対立した永見は八丈島へ遠島．美作の弟，兵庫，十蔵は伊豆大島に流刑となりその地で没している．両者の子息9名（大六の従兄弟）は，熊本藩，仙

台藩，盛岡藩預かりとなった．そのうち5名は40年後の享保5（1720）年に赦免となり，4名は幽閉中に病没した．上記の通り，小栗一族で美作から3親等以内の男子は厳しい処分となった．小栗一族で処罰を免れた男子は美作の4親等以上及び女子であり，「小栗兵庫の妻は残された女子をつれて退散の小栗一族とともに京都に移った」と記録に残る．

なお，後に美作親子が騒動の首謀者ではなく，巻き込まれた冤罪であることが判明するが，当時の幕府は厳重な言論統制を引いており，事の顛末を「越後記」に書いた僧一音は島流しの刑罰に遭っている．

綱吉にとって，将軍世襲時の怨恨，高田松平家の家格への引け目から，将軍としての権力を誇示し，禍根の一掃を図ったのであろう．

(2) 小栗了雲は越後騒動後，京都にて禅僧に

小栗家の3親等男子までは処罰を受けたので，かろうじて罪を免れた4親等が正宗（了雲の父）ではないかと私は想定した．家系図より，該当したのは美作の従兄弟の小栗主殿，本多伊織兄弟のみであった．本多は養子に行き小栗姓ではないので対象外として，小栗主殿は千石の知行があった．『松平越後守三位中将光長家中并知行役附』によると，700人を超す家中のうち知行高が千石を超えているのは27人であり，七大将といわれた小栗美作を含む7人の重臣を除くと，主殿は16番目に名前が書かれている．

主殿の記録には「越後騒乱，是に於いて京都に適く，後，京を去り難波を流浪．二子有り．終わる所を知らず」とある．以上より主殿が「正宗」であり，二子のうちの1人が了雲ではないかと推測した．なお主殿の父の名は雲友，美作の戒名は霊了であり，了雲は一字ずつを貰い受けたとも想像した．

了雲に関し，京都での動向については，岩内誠一が8頁，柴田実が13頁，源了圓が7頁，清水正博は6頁に亘って触れている．

岩内誠一[5]は「小栗正順，姓は平氏，通称は源五郎，了雲と号し，また海容軒と称した．初め某侯の大夫であったが，故ありて致仕して京都に隠れ居たのである．夙に性理の蘊奥を究め，且つ釈老の学に通じ，生徒に教授しつつあった」，「黄檗宗の禅学を修めた人であるらしい．其の師は不二庵主禮柔禅師」，「売炭黙叟と号す．父正宗，大宗美作の事に座す．老師端荘淵黙，性命の学を好む，自ら楽しみ以て世を忘れる，石田先生の師也」と紹介している．

柴田実[6]は岩内の調査，明倫舎所蔵の「小栗先生謡註解」や独自に入手の『伊勢物語抄』などの詳細な分析を加え，了雲の「思想や学問を問題としてそれを少し

でも明らかにしようと望んでいる」と試みている．更に永養寺にある了雲の墓が
無縫塔であることから「一山の住職なり，少なくとも僧籍にあったもの」と書い
ている．これについては堵庵の小伝に老師（禅宗では師家を指す）と述べているこ
とからも，指導者であることがわかる．一方，同寺の過去帳に「全覚了雲上座」
とあることから，普化宗・虚無僧であったのではと類推しているが，これはかな
り飛躍があるのではないか．広辞苑に上座とは「禅宗で年長の者に用いる敬称」
とあり，素直にその解釈でよいのではないか．
　源了圓は「了雲に出会わなかったら，梅岩はただの伝道癖の強い，あるタイプ
の説教師として終わったかもしれない」と了雲の影響力を語っている．
　拙著では，梅岩が了雲と出会った年齢（30代説，40代説）について，『石田先生
語録』など各種文献を比較し，41〜42歳説を述べた．

(3)　了雲が開いた悟り

　了雲の師が居た不二庵は萬福寺の塔頭であった．このことから，了雲は黄檗
宗・萬福寺に入山したことと推測できる．越後騒動に決着がついた1681年当時，
了雲は14才であり，直ちに1661年創設の萬福寺に入ったのではないか．開山の隠
元 隆 琦は世を去り三世慧林 性 機のときにあたる．性機は隠元と共に，1654年に
中国から日本に来た渡来僧である．
　了雲は，幼少時から一緒に遊び勉学に励んだであろう同世代の大六は切腹，9
名は他藩に幽閉された．了雲の心の動きを察するに，当初は不満，悲しみ，怒り，
口惜しさ，無念を抱え，加害者への復讐心が煮えたぎっていたのではないか．し
かし徐々に藩及び小栗家の破綻を胸中に鎮め，綱吉への怨念も禅的修行で乗り越
え，やがて「老師」として指導する側に至ったと推測する．
　当時の禅寺の教えは定かではないが，以下の2つの禅語を思い浮かべた．
　1つは「怨親平等」という言葉である．「怨憎する人々に対しても，親愛する
人々に対しても，差別することなく，慈悲愛護の念をもって接すること」（『禅学
大事典』）と説く．鎌倉の円覚寺（臨済宗）は元寇の後に，敵も味方も平等に供養
する思想で，北条時宗により建立された．
　2つ目は懐忍 行 慈（忍を懐いて慈を行ずる）である．釈迦の弟子で実子の羅睺羅
が町で托鉢中，暴漢に襲われて怪我をした．釈迦は羅睺羅が決して怒らず耐え忍
んだことを褒めて忍の素晴らしさを説いた．「忍を懐いて慈を行ずれば世々恨み
無し．中心恬然として終に悪毒無し」「自分の身に降りかかったことは堪え忍ん
で，むしろ自分に辛く当たる者こそ却って気の毒な者である．逆に慈悲の心で思

いやれば，どんな時代にあっても怨みの心は起こらないし，心はいつも穏やかで悪いことは起こらないという意味である．お釈迦様は，単に耐え忍ぶばかりではなく，むしろ相手を思いやる心の広さを説かれた⁹⁾」．

　各地の商家で「堪忍」の額をよく見かける．とりわけ旧家を保存している記念館に掛けられていることが多い．これは単に自らが耐え忍ぶことだけではなく，慈悲の心を持って相手に接することの大事さを諭しているのである．

(4)　了雲が梅岩に託したこと

　越後騒動がなければ，了雲は高田藩の重臣として力を発揮したであろうが，これも運命．了雲は若年時に創建間もない黄檗宗万福寺で，隠元直伝の中国式の最新の学問に接し修行したと推測する．

　小栗家直系という血脈からして，彼の動静は幕府の監視下にあり，思想・学術面では人を教え導く役職に就くことや，出版物を広く世に発刊することは難しかったであろう．なお，謡曲に関する著作は相当数あり，文化教養面で名を馳せたことは伺い知れる．

　そして京都市中でひっそりと私塾を開く境涯となった．同じ地域で「自性を知る」ための師を強く求めていた梅岩を惹きつける波動を有していたのであろう．まさに逢うべくして出逢った2人である．

　了雲は梅岩を禅寺さながらに厳しく鍛え，今際の際まで続いた．逝去の前々日，煙草を所望した了雲は，煙管に火を点け懐紙で吸口を拭った梅岩の所作を見とがめ，「また仁義をテコに使った」と責め，看病を拒絶した．梅岩は泣き泣き次の間に下がり，翌日，老弟子がとりなす．そして臨終に際し注を書き入れた蔵書を授けると言う．後継者指名という意味である．それを梅岩は拒絶し「われ事にあたらば新たに述べるなり」と告げると，了雲はこれを大いに嘆美したという．この応答の意味を私は最初疑問に感じたが，小栗一族の悲惨な運命と了雲のレジリエンス（精神的回復力）を認識した今は理解できる．煙管事件から1日で梅岩は「仁義をテコに使った」意味を達観．子弟・上下・年齢の関係を超えて，一箇の「人間」同士としての得難い結びつきが得られたのだ．

　了雲が梅岩に託したことは，争い事が再び起こらないような恒久平和な世の構築，知心の境地による繁栄への祈りを込めたのではないか．梅岩の体の中には武士である先祖・曾和市郎兵衛が主君の遺児を，死を賭して守った血が流れている．また，師・了雲が徳川一族の抗争に巻き込まれた壮絶な運命を伝え聞き，自身の使命を感得し志を新たにしたのであろう．

歴史上の偉人が現代の為政者や，企業を含む組織・共同体の有様を見れば何を語るか．あるべき理念を作成し共通認識とする．法例の遵守のみならず，私欲を離れた利他行を実践する．逸脱する恐れを防ぐための相互チェック体制も欠かせない．その継続的実践のためには，石田梅岩・石門心学の教えとCSR，SDGsを総和した教育の大切さを推奨するに違いない．

3　SDGsの先駆者・石田梅岩
——誰一人，取り残さない——

(1)　梅岩の実践道は「誰一人取り残さない」SDGs精神そのもの

梅岩の心魂は，「誰一人取り残さない」というSDGs（Sustainable Development Goals「持続可能な開発目標」）と共通である．

教育者にして哲学者の森信三（1896~1992）は，戦前の天王寺師範時代に開催していた斯道会のテキスト第1号として『石田先生事蹟』を採用し，『解題』にて事蹟を「他に見るを得ない」と，以下の通り評価している.[10]

　　「石門心学が，従来の学問の多くのともすれば訓詁詞章の学に堕し，またこれをその対象より見るも，儒生・僧侶・武士等特殊なる一部有識階級に限られ来たりしとき，この制約を破却して，その体験裡に溶融把握せる神儒仏一貫の理を，あまねく庶民階級に易解卑近の辞をもって伝え，真実の学問とは結局，現実生活そのものの反省による自己の根本的革新のほかなきを知らしめたる功績は，けだしわが国思想史上の一大偉観であり，誠に特筆大書すべきものと思われる」.

石川謙[11]は「スイスの教聖ペスタロッチの学を想起する」として，「ペスタロッチに於いても梅岩に於いても，この故に学が行であり行が学である．生きること営むことが其の身そのままに学たるべきであった．行を外にして，学がために珍重される格別の学を学としているのではない．そして又この故に，梅岩の事蹟を離れて遥かの彼方に，彼の学を仰ぐことはできない」と記す.

『事蹟』にはまさに学と行が一体化し，SDGsを連想させる逸話で溢れている．SDGsの17のグローバル目標に照らし合わせると，梅岩精神はとりわけ以下の事項が強調されている．4．質の高い教育をみんなに，5．ジェンダー平等を実現しよう，8．働き甲斐も経済成長も．その結果，1．貧困をなくそう，2．飢餓をゼロに，3．すべての人に健康と福祉を，10．人や国の不平等をなくそう，16.

平和と公正を全ての人に，などとも極めて関連が深いと言える．

(2)　ジェンダー平等を体現した門弟，慈音尼兼葭

　慈音尼は近江国栗太郡吉田村（現草津市）の酒造業の白井家に生まれる．8歳で母を失い，僧侶の唱える法華経を聞き「母のために経を読み，その功徳をもって母のゆくえを見ん」と出家を志す．15，6歳にして京都・薬師山（黄檗宗）の自秀に師事．更に彦根正法寺村の桃谷に学び，石山寺などで読経，参禅，断食，水垢離など修行するも自性得心に至らず．病身となり京都六角堂前の借家で養生中，梅岩を知る．

　「いかなる大聖人もこの上はあるまじ．これ程，徳の備わりたる人，何国にあるべくや」と心を癒され直ちに入門する．梅岩の高弟・木村重光邸に寄宿し，師の元へ通い尽心工夫の甲斐あって「古今変滅にあずからず，全体そのままの我なるを知る」と自性を得る境地に至った．

　梅岩没後，他国への女性の移動に制限のある時代に「先生の心ざしを天下の人びとへ語り申さん」と単身勇躍，江戸へおもむき私塾を開き『都鄙問答』などを講義した．この実行力にはほとほと敬服する．中澤道二が手島堵庵の要請で江戸布教に出る30年前，石門心学が全国に普及する魁となる快挙であった．

　病気がちの身を灸で直し，10年程講師を務め京都へ帰り『兼葭反古集』（『道得問答』）を出版．その後，生誕地に戻った晩年も修行を続け，63歳で永眠する．生家の近くの橘堂の隣に墓石があり，今も地域の人々に守られている．

　慈音尼に継いで，浅井きを，矢口仲子，万代組子らの女性指導者らが心学社中から出る．男女が共に学び，女性が儒書・仏典の講義を受ける機会に乏しかった封建の世にあって，ダイバーシティ（多様性）の先駆を為した梅岩と慈恩尼の功績に倣い，真の女性活躍社会を早期に実現したいものである．

(3)　困窮者を救うSDGs実践

　『事蹟』から，梅岩の実践の道を幾つか引用する．

　『都鄙問答』を読んだ肥州・六所大明神の宮司・行藤志摩守が寛保2（1742）年に訪ねてきて「性理問答の段」についての質問を行っている．『都鄙問答』の出版から2年半，梅岩の名は全国に知られるようになっていたのであろう．

　　　行藤氏問う．先生門人を教え導かるるは，心を専らとして教えらるるや．
　　　先生答えて曰く，しからず行状を以て教ゆ．（『全集（下）』637頁）

『都鄙問答』には心を尽くして性を知るなど，難しい語句が並ぶので，行藤氏は心・性に関する深いやりとりを期待して訪問したのであろう．しかし梅岩は「行状を以って教える」と，あくまで日々の実践が大事だと説く．

『事蹟』には梅岩の一日の行動，倹約，食事，衣服，外出の心得，祈りなどがこと細かに書かれている．とりわけ，自然災害や飢饉による困窮者に心を痛めており，速やかに救援活動を行った2つの事例を以下に紹介する．

① 何方(いずかた)にても火事あれば，先生心を労したまえり．是は人の難儀，且つ財宝の滅することをいたみたまいてなり．ある年の冬の夜，下岡崎村に大火事ありしに，寒中といい夜中といい，食乏しくては堪へがたかるべしとて，夜半に門人を催し，飯をたき，にぎり飯とし，門人を伴い，彼(か)の岡崎に持ち行きて，難儀なる者にことごとくあたえたまえり．（『全集（下）』635頁）

② 元文5年（1740）庚申(かのえさる)の冬より，寛保元年（1741）辛酉(かのととり)の春にいたり，上京下京のはしばし困窮の人多かりしに，其冬は困窮の噂ばかりにて，施行する人もなかりける．先生此の事を深くいたみたまい，門人を所々へわかちつかわし，困窮の人をうかがわしめたまうに，聞きしに増していたましき事ども多かりければ，門人をともない3，4人づつに分けて，極月(ごく)28日より日々所をかえ，銭を持ち行きて施したまえへり．翌年にいたり正月2日よりは，所々に施行する人夥(おびただ)しくありしなり．（『全集（下）』636頁）

火事，飢饉の際には門人を伴って，人々への施行を行った．炊き出しに行った岡崎までは2.5キロ程はある．

このようなボランティア活動も，率先する梅岩の後に続く人が出てきたということが，何よりも悦びであっただろう．日本は災害列島である．昨今の大災害においては，すぐさま救援組織が立ち上がり，各地から応援に駆け付ける体制になってきた．とりわけ若い人たちが数多く見掛けられるようになってきたことは頼もしい限りだ．

企業内外のあらゆる組織において，SDGsに関連した意識を高め，誰一人取り残さないために，石門心学に学ぶ関係各位の奮起を期待したい．

注
1）「石田先生事蹟」，柴田実編『石田梅岩全集』清文堂出版，1956年．
2）石田梅岩『都鄙問答』岩波書店〔岩波文庫〕，1970年［第9刷］．なお，読みやすくするため，旧字などの一部を新字体に改めている．

3）　中江用水，導善寺など美作関係地を巡った．農林水産省の HP には美作の偉業が載る．また上越市公文書センターから詳細な調査資料を頂いた．深く感謝の意を表します．

4）　市立図書館で越後騒動の関係書を多数拝見．渋谷鉄五郎『越後騒動の犠牲者──仙台小栗氏考──』（小栗きみ子，1965年）より多くを参照した．

5）　岩内誠一『教育者としての石田梅岩』立命館出版部，1934年．

6）　柴田実「小栗了雲伝記考」『梅岩とその門流』ミネルヴァ書房，1977年．

7）　源了圓「石田梅岩論」，古田紹欽・今井淳編『石田梅岩の思想』ぺりかん社，1979年．

8）　清水正博「石田梅岩の真髄と現代に伝承される石門心学」『大阪経済法科大学地域総合研究所紀要』11，2019年．

9）　横田南嶺『自分を創る禅の教え』致知出版社，2018年．

10）　寺田一清『石田梅岩に学ぶ』致知出版社，1998年．

11）　石川謙『心学精粋』文部省教学局，1940年．

第5章
ビジネスに哲学は必要か
──石門心学と経営──

1　石田梅岩の商人道哲学

⑴　富の主は天下の人々なり

　日本には長寿企業が多く，それらはステークホルダーとの良好な関係を築き，かつ時代の変化に対応し，独自の革新を為してきた．その根幹を訪ねると家訓・社是の役割が大きい．

　前章で触れた通り，江戸中期に「商人に商人の道がある」ことを主張する石田梅岩が出現したことは，時代の必然的要請であった．

　『都鄙問答』「商人の道を問うの段」は，わずか15行であるが，企業倫理のエッセンスとも言えよう．

> 　商人は，勘定委しくして，今日の渡世を致す者なれば，一銭軽しと云うべきに非ず．是を重ねて富をなすは商人の道なり．富の主は天下の人々なり．主の心も我が心と同じきゆえに我一銭を惜む心を推して，売物に念を入れ少しも粗相にせずして売り渡さば，買う人の心も初めは金銀惜しと思えども，代物の能きを以って，その惜む心自ずから止むべし．惜む心を止め善に化するの外あらんや．且つ天下の財宝を通用して，万民の心をやすむるなれば，天地四時流行し，万物育わると同じく相合わん．此のごとくして富山の如くに至るとも，欲心とはいうべからず．（『都鄙問答』26頁，下線は筆者）

　梅岩は商人の出身であるから，売る側（商人）の心の動きを熟知している．買う側（主人）の心を揺るがす為には，相手の立場に立って商品とサービスに念を入れることにより，心境が善に変化するところまで寄り添い，両者が共に悦びを分かち合い Win-Win となることが商人哲学であるとの真理に至っている．売買という行為で商取引が完結するのではない．「天下の財宝を通用」（個人の所有ではない）させ，「万民の心をやすむる」ためであり，経済とは循環であるとしている．その結果，富が蓄財されてもそれは私欲によるものではないと説明する．そ

して「天地四時流行し，万物育わると同じく」，商人の道も自然界・天地の法則に相通じるとの，自身が達した着地点を語っているのである．

(2)　石田梅岩の「先も立ち，我も立つ」と近江商人の理念

梅岩の商人哲学の代表的な表現を挙げれば，「先も立ち，我も立つ」であろう．『都鄙問答』「或学者商人の学問を譏るの段」の終盤で語られている．

> 我賢しと思うより，不善の道に陥れば，其家，終には，禍來たることを知らず，哀しい哉．易に曰く，「善を積む家には，必ず余の慶びあり．不善を積むの家には，必ず余の殃あり．（中略）是教えの眼なり．聖人の仁心能々味わうべき所なり．聖人斯のごとく不善を悪みたまう，味わいを知らば二重の利を取り，二升の似をし，密々の礼を請くることなどは，危うして，浮かべる雲の如くに思うべし．是を能々つつしむは只学問の力なり．世間のありさまを見れば，商人のように見えて，盗人あり．実の商人は先も立ち，我も立つことを思うなり．（『都鄙問答』65頁，下線筆者）

『易経』の著名な言葉を引用し，聖人の教えと一体になる学問の力を強調している．しかし商人のように見えて盗人もいると嘆き，「相手を立てることにより，我も立つことができる」と諭している．私はこの言葉を「先我一如」と置き換えた．先様と我とが瞬時に1つになり善に化する境地が目指す商人哲学である．

梅岩語録を経営理念としている企業も多く，インターネット検索により多数見つかる．個別の紹介は割愛するが，梅岩語録の普及を物語っている．

梅岩の京都と隣国の近江は距離も近く，互いに影響を及ぼしあってきた．

三大商人の一角である近江商人の理念と言われる「三方よし」は，1988年に滋賀大学名誉教授の小倉栄一郎が創作した言葉である．

私は三方よし「売り手よし，買い手よし，世間よし」という言葉を聞いて違和感を覚えた．普通，商人が「売り手」といえば自分のことである．その自分を三方よしの一番に挙げることは，常識では考えられない．あるべき順序を語るとすると「世間よし，買い手よし，売り手よし」であろう．いぶかしく思い，三方よしの歴史を調べてみて先の事実を知った．一方でモラロジー研究所を創設の廣池千九郎がそれ以前から述べていたという説もある．[2]

近江商人には「陰徳善事」「利真於勤（利は勤るにおいて真なり）」「始末してきばる」といった先人が築いてきた，立派な商人哲学がある．「三方よし」は秀逸なキャッチコピーであるが，近江商人のみが以前から使っていたというような，誤

解を与える言い方は避けるべきであろう.

(3) 為政者を諫める梅岩の覚悟

『都鄙問答』「或学者商人の学問を譏るの段」では,商人に向けて正しい生き方を示す珠玉の言葉が並んでいる.その一方で,社会のリーダーである武士に対しては,商人の手本となる仁義の道筋を示す期待を込めるとともに,不正や不祥事に対する規律の回復を求めて叱咤の声を挙げている.この段を「武士の行状を譏るの段」と名付けてもよいのではと思わせる内容である.商人の日常実践を厳しく指導するという主題の裏に,幕府の封建体制のほころびを指摘し,為政者や学者への歯に衣を着せぬ梅岩の反骨精神が潜み,読む人の溜飲を下げている.

> 昔より知ある者は,上に立ち下を治む.無知なる者は下に立ち,力を労し,上を食うと,孟子ものたまう.上の清潔を法とするは,古よりの道なり.（『都鄙問答』64頁）

> 前に云う如くに,兎角今日の上は,何事も,清潔の鏡には,士を法とすべし.孟子曰く,「恒の産無くして,恒の心有る者は,惟だ士のみ能くすることを為す」と.（『都鄙問答』67頁）

何事も武士の清潔をお手本にと説くが,褒め殺しともいえよう.江戸中期になると貨幣経済が発達し,農・商が力をつけ,金融・流通をも担う実情下においては,武力による威光では統制が取れなくなってきた.自然災害が頻発し,一揆・打ち壊しも見られるようになってきた.それでも梅岩は武士階層にリーダーとしての統率力を期待する.一方で武士の不正を叱っている記述もある.

> 下々と並んで,何ごとにても取持つ人を士と云うべきか.其は盗人と云う者にて士にはあらず.上にたつ人,下より賂などを受けて,政道たつべきや.（『都鄙問答』64頁）

また『都鄙問答』「武士の道を問うの段」では,『論語』,『大学』,『孟子』などからの引用を含めて,梅岩の舌鋒は鋭く,武士の役割を語っている.

> 古聖人の御代には,君としては万民を子の如く思召し,民の心を以て御心となしたまう.（中略）世に誤つて武芸ばかりを以て,士の道と心得るものあり.実の志無きは士の中に入るべきにあらず.（中略）君無道にて国治まらず,然るに君を正すことあたわず,禄を貪り身を退かざるはこれ又大な

る恥なり．（『都鄙問答』25頁）

　武士の根本に還れと社会的責任の自覚を求めている．上に立つ者は聖人の道を学び，志を立て下を慈しむべしとの堂々の主張である．

　逆井孝仁は，「封建教学体系の立て直しを町人出身の梅岩によって，町人学の心学によってなされた[3]」と述べており，梅岩が思想面のみならず，社会秩序の変革に影響を与えたことを示す論考に着目したい．

2　伝承され生き続ける石門心学

(1)　心学を弘布した弟子達と心学舎・全187舎

　梅岩の遺志を継ぎ，日本の徳育，社会の安寧，経済の繁栄を目指して多くの門弟たちが道を刻んだ．梅岩没後，直弟子たちはそれぞれの立場で弘布に勤しんだ．生年順に十名の英俊を掲げる．小森由正，黒杉政胤，齋藤全門，木村重光，杉浦止斎，慈音尼，富岡以直，手島堵庵，大江資衡，杉浦宗仲．この中で，慈音尼，以直，堵庵の3名は梅岩逝去時に28〜30歳と若く，長く師の言動を伝えた．なお以直の子孫・富岡鉄斎は明治・大正まで心学を受け継いだ．

　手島堵庵は師の教えを石門心学と名付け，学び舎を次々に設け，教学を維持繁栄させるための諸制度を設けた．集まりを会輔と呼び，各舎に都講（庶務責任者），輔仁司（事務），会友司（補佐）の三役を置いた．子ども向けテキスト・前訓や女性向けの出版物も刊行するなど，以後の心学興隆の要をなした．

　中澤道二は堵庵の命で江戸に往き，心学を武士階級に広めた．寛政の改革を牽引した老中・松平定信を盟主とする諸藩の大名29名が道二に就いて心学を修めた．定信は佃島人足寄場の教諭方に心学者を据えた．また心学の功徳を顕彰して「此の道の流れて広し海の月」と詠んでいる．

　直接に梅岩の薫陶を受けていないが，江戸期に心学舎の設立，講師，書籍刊行などで，石門心学の普及に多大な功績を残した門弟12名の名を掲げる（生年順）．布施松翁，中澤道二，上河淇水，植松自謙，脇坂義堂（生年推測），鎌田柳泓，大島有隣，薩埵徳軒，柴田鳩翁，奥田頼杖，中村徳水，近藤平格．

　心学舎の研究には白石正邦，石川謙，清水正博があり，白石172舎，石川181舎，清水182舎を挙げている．本書では，三者の和集合と石川をもとに，次頁に「表5‐1　石門心学舎一覧」187舎を掲載した．

表5-1　石門心学舎一覧

順	舎名	都道府県	市町村	順	舎名	都道府県	市町村	順	舎名	都道府県	市町村
1	五楽舎	京都	中京区	64	有敬舎	長野	松本市	123	安民舎	福岡	柳川市
2	明倫舎	京都	中京区	65	廣胖舎	兵庫	丹波市	124	日章舎	山口	萩市
3	時習舎	京都	上京区	66	含章舎	兵庫	豊岡市	125	修道舎	兵庫	佐用町
4	修正舎	京都	下京区	67	孝友舎	茨城	常陸太田市	126	齊省舎	山口	下関市
5	恭敬舎	京都	東山区	68	道生舎	神奈川	相模原市	127	廣行舎	広島	三原市
6	傳習舎	兵庫	丹波市	69	簡文舎	山梨	上野原市	128	琢玉舎	広島	尾道市
7	持養舎	京都	亀岡市	70	洗心舎	山梨	甲府市	129	楽行舎	京都	上京区
8	好善舎	滋賀	東近江市	71	正心舎	大阪	阪南市	130	親々舎	埼玉	熊谷市
9	参前舎	東京	中央区	72	亦楽舎	和歌山	橋本市	131	自謙舎	群馬	高崎市
10	静安舎	大阪	西区	73	寛柔舎	長野	諏訪市	132	教孝舎	兵庫	加西市
11	倚衡舎	大阪	西区	74	敬業舎	長野	佐久市	133	敬親舎	茨城	常総市
12	敏行舎	兵庫	中央区	75	三行舎	岡山	岡山市	134	止敬舎	静岡	掛川市
13	修敬舎	和歌山	和歌山市	76	成性舎	群馬	昭和村	135	入徳舎	兵庫	加東市
14	篤敬舎	奈良	宇陀市	77	会友舎	群馬	高崎市	136	自省舎	岡山	倉敷市
15	深造舎	岐阜	大垣市	78	循性舎	高知	高知市	137	明孝舎	長野	中野市
16	正誠舎	奈良	橿原市	79	三孝舎	群馬	伊勢崎市	無	敬譲舎	静岡	掛川市
17	明善舎	兵庫	北区	80	恭心舎	兵庫	伊丹市	無	擇仁舎	静岡	掛川市
18	明篤舎	兵庫	姫路市	81	篤行舎	神奈川	相模原市	138	立誠舎	兵庫	養父市
19	明誠舎	兵庫	中央区	82	好古舎	兵庫	加古川市	139	興讓舎	神奈川	伊勢原市
20	温恭舎	滋賀	彦根市	83	求心舎	京都	舞鶴市	140	主静舎	鳥取	米子市
21	慎行舎	東京	中央区	84	養浩舎	兵庫	豊岡市	141	潤身舎	神奈川	相模原市
22	恭倹舎	埼玉	杉戸町	無	双松舎	和歌山	橋本市	142	修安舎	広島	尾道市
23	慎則舎	兵庫	兵庫区	85	素行舎	兵庫	加古川市	143	思誠舎	兵庫	たつの市
24	以善舎	兵庫	明石市	86	観行舎	京都	東山区	144	孝徳舎	兵庫	姫路市
25	養心舎	兵庫	尼崎市	87	根心舎	徳島	つるぎ町	無	自謙舎	東京	中央区
26	祗寛舎	大阪	北区	無	二楽會	和歌山	紀の川市	145	有慶舎	大阪	河内長野市
27	思明舎	奈良	天理市	無	執中舎	岐阜	関市	146	健順舎	京都	中京区
28	恭安舎	長野	千曲市	89	永言舎	山梨	上野原市	147	新民舎	愛媛	今治市
29	匡直舎	長野	長野市	90	楽善舎	和歌山	海南市	148	信貞舎	静岡	静岡市
30	敬忠舎	兵庫	養父市	91	永孝舎	兵庫	小野市	149	信成舎	大阪	中央区
31	敦厚舎	大阪	天王寺区	92	弘中舎	滋賀	大津市	150	成教舎	鳥取	鳥取市
32	圭明舎	東京	港区	93	時中舎	長野	富士見町	151	徳隣舎	東京	新宿区
33	教倫舎	長野	須坂市	94	好問舎	長野	茅野市	152	善誘舎	大阪	岸和田市
34	蚕簪舎	東京	新宿区	95	協恭舎	大阪	中央区	153	習教舎	大阪	貝塚市
35	荘敬舎	岡山	津山市	96	汎愛舎	滋賀	近江八幡市	154	敬直舎	広島	尾道市
36	日新舎	兵庫	豊岡市	97	由学舎	岡山	倉敷市	無	一貫舎	大分	大分市
37	典学舎	兵庫	三木市	98	博習舎	岡山	瀬戸内市	155	由行舎	京都	東山区
38	楽友舎	兵庫	西宮市	99	敬明舎	岡山	岡山市	156	鶴鳴舎	山形	鶴岡市
39	麗澤舎	三重	伊賀市	100	興孝舎	岡山	備前市	157	廣徳舎	大分	竹田市
40	直養舎	岡山	美作市	101	立教舎	大阪	池田市	無	誠終舎	北海道	函館市
41	弘道舎	京都	伏見区	102	尽性舎	島根	浜田市	158	有信舎	和歌山	湯浅町
42	養性舎	京都	下京区	103	克己舎	三重	四日市市	159	篤信舎	和歌山	和歌山市
43	有隣舎	茨城	筑西市	104	立敬舎	京都	舞鶴市	160	温故舎	兵庫	宍粟市
44	成章舎	長野	佐久市	105	克明舎	岡山	勝央町	161	反求舎	石川	金沢市
45	方來舎	滋賀	甲賀市	106	教睦舎	岡山	倉敷市	162	勧友舎	青森	三戸町
46	学半舎	徳島	鳴門市	107	歓心舎	広島	福山市	163	求仁舎	奈良	御所市
47	誠形舎	栃木	宇都宮市	108	三楽舎	京都	福知山市	164	友直舎	奈良	御所市
48	友諒舎	長野	松本市	109	立行舎	兵庫	加西市	無	安民舎	島根	安来市
49	存心舎	山梨	甲府市	110	六行舎	愛媛	松山市	165	教養舎	滋賀	大津市
50	忠歓舎	山梨	笛吹市	111	安民舎	東京	新宿区	166	明徳舎	奈良	大和郡山市
51	擇善舎	岐阜	大野町	112	逢原舎	岐阜	岐阜市	167	忠順舎	広島	福山市
52	切問舎	岐阜	山県市	113	徳本舎	兵庫	三木市	168	庸徳舎	広島	福山市
53	性善舎	徳島	徳島市	114	庸行舎	大阪	堺市	169	當行舎	群馬	館林市
54	本立舎	奈良	天理市	無	大洋舎	兵庫	淡路市	170	謹身舎	岐阜	岐阜市
55	尽心舎	茨城	つくば市	無	仁倹舎	富山	富山市	無	富円舎	岐阜	多治見市
56	勧善舎	三重	津市	115	敬信舎	広島	広島市	無	会友舎	岐阜	土岐市
57	先行舎	東京	八王子市	116	謙享舎	福井	鯖江市	無	開成舎	東京	江東区
58	三省舎	茨城	水戸市	117	明道舎	岐阜	郡上市	無	三省舎	静岡	掛川市
59	有誠舎	三重	伊賀市	118	天祐舎	岐阜	美濃市	無	有隣舎	大阪	大阪市
60	博厚舎	長野	長野市	119	執中舎	岐阜	関市	無	萬徳舎	岐阜	岐阜市
61	存養舎	栃木	那須烏山市	120	順天舎	愛知	名古屋市	無	眞明舎	静岡	静岡市
62	中立舎	兵庫	篠山市	121	孝準舎	茨城	土浦市				
63	善教舎	福島	いわき市	122	一貫舎	埼玉	三郷市				

（注）頭注の「順」数字は『諸国舎号』（明倫舎刊）の掲載順．ほぼ創設年順に並んでいる．「順」に無とあるは上記に掲載の無い舎．創始年に該当する箇所に挿入した．

(2)　心学は衰退していない

　石川謙は次の心学時代5区分で，天保以降を心学衰退期と主張した．

　　① 創始時代1729（享保14）年～，② 興隆前期1764（明和元）年～，
　　③ 興隆後期1787（天明7）年～，④ 教勢分裂1804（文化元）年～，
　　⑤ 教勢衰退：1830（天保元）年～1867（慶応3）年

　これに対し高野秀晴は，石川が教化統制力の衰退，心学思想の浅薄度，講舎の
衰退の3つを，心学の衰退と直結させていると，その偏りを指摘している．また
識者が石川の「天保期以降衰退したという説をほとんど無批判に受け入れてしま
っている」ことに疑問を呈している．そして「重要なことは，"衰退"や"普及"
が論じられる時，その論者がいかなる事態に注目しているのか，いかなる事態を
見落としてしまっているのかを直視することだ」と独自の視点で，安易に衰退し
たと見ることを諫めている．
　また高野は寛政期から慶応期における心学書の刊行物を詳細に分析し，石川が
衰退と規定した天保期に大量の心学書が出版されていることを指摘．そして「石
川は教化団体としての心学の盛衰を描くことには成功したが，それが社会の地盤
深くに浸み込んでいくプロセスに目を向けることができなかった」と結論づけて
いる．心学の盛衰を論ずる上で極めて貴重な示唆を提供している．
　明治以降の心学の普及については点描になるが，視点を変えてみていくことに
する．藤岡作太郎は明治27（1894）年の書で「余，近村の家に宿して，夜間無聊
に堪えず，書籍の読むべきあらば，之を借せよと請いて得たるもの，百人一首と
1，2道話の書なること，1回に止まらざりき．これに因って始めて心学の深く
俗人の間に伝えり，遠く幽僻の地に行われたるを知れり」と，明治期の各家庭に
「心学道話」が置かれていたことの体験を綴っている．この期の庶民において，
心学書に造作なく触れていたことを示す挿話だ．
　昭和初期の心学は「百花繚乱」だったと，『心学道の話』の序文に石川謙が記
している．「心学研究の隆盛なる今日の如きは，蓋し未曾有であろう．京都の明
倫舎・修正舎，大阪の明誠舎，東京の参前舎などが，柴田謙堂・山田敬齋を中心
に社会教化の聖業に努力しておられる．埼玉県下の恭倹舎，茨城県下の尽心舎，
長野県下の時中舎，大垣の正則舎，高野口（和歌山県下）の有朋舎が設立．愛知・
長野・静岡・福島・山形・北海道，大阪市教育会主催の心学講習会．足立栗園は
都鄙問答の校訂，柴田謙二郎が好著述」．「道二翁道話など續々複刻．綺羅星のご
とく，心学に携わる人物が輩出している」．以下略すが，出版物に加え，心学舎

の各地での健在ぶりが伺われる.

　戦後においても, 石門心学会, 参前舎, 明倫舎, 明誠舎などが, 活発に活動し, 心学への関心を高めた.

　心学の普及手段を総括すると, 江戸中期は明倫舎を頂点に組織化された心学舎, 江戸後期は各地のカリスマ心学講師の善導, 明治以降は石門心学研究家・心学者を中心とした, 出版及び啓発活動を継続してきたのであった.

(3)　近年の心学活動と心学普及に向けての情報発信

　2000年にロバート・ベラー（元ハーバード大学教授）を招き, 「心学開講270年記念シンポジウム」が開催され, 国立京都国際会館に1300人が集ったことは記憶に新しい. 2019年に同じく京都市内で「石田梅岩先生開講290年記念講演会」が開かれ, カール・ベッカー（京都大学大学院特任教授）が講演した. なお, 2000年の主催舎は参前舎など6舎であったが, 2019年には主催・後援合わせて21舎が名を連ねた.

　現在, 活動を続けている心学舎は, 明誠舎, 修正舎など10舎ある. それ以外に心学に勤しんでいる講座は私の知る限り, 石田梅岩先生顕彰会など10カ所あり, その数は増え続けている. 近年, 心学関係書籍も多数出版されている.

　またインターネットの普及により, 心学情報に容易に接することが可能となり, 書籍のデジタル化で古文書や新刊も数多く入手できる環境となっている.

　このようにみてくると, 心学を支える場・手段が変化しただけで, 心学を学ぶ機会が衰えてきている訳ではない. 心学情報をどのように組み合わせて活用・普及を図るかは, 心学に関心を寄せる人々の切磋琢磨にかかっている.

　今後の社会革新のために石門心学はいかにあるべきかという問題意識の下, 私は心学舎が存在した地方自治体へのアンケート（資料, 史蹟, 人物の有無等）を実施した. その結果, 各地の学芸員や図書館司書などから文献, 郷土史家や心学舎子孫の存在を教えられた. それらと独自資料より, 心学関連史蹟は全国100カ所以上存在することを把握した. 舎跡, 顕彰碑, 扁額, 明倫舎からの認可状, 施印の版木・印刷物, 心学者像, 古文書等であり, その大半を訪ね, 現地調査に基づき『石門心学風土記』として, 専門紙に48回（2021年3月現在）に亘り綴っている. これらの情報は大和商業研究所のホームページで発信しているので, 興味のある方は閲覧をされたい. 引き続き心学普及の為に情報発信を続けて参りたい.

　昨今, 危機感を抱いているのは貴重資料の散逸・死蔵化である. 所有者の高齢化や死去などで所在不明にも遭遇する. 公的機関や大学などでの整理・保存が待

たれるところだ.

3　石門心学精神の経営への影響

(1)　斎藤全門の「家法」,手島堵庵の「商人一枚起請文」

　梅岩の思想が家訓や店則に取り入れられたものに,高弟の斎藤全門 (1700～1761) 制定の35カ条に亘る家法がある.主人の不行跡の際の押し込め,取引先への対応心得,博奕の禁止,倹約,丁稚の夜の手習い・算盤の稽古などの留意点のほか,主人・従業員の心得を説き,仁心は我に備わっているもので,人欲で覆ってはいけないと戒めている.家訓の源流とも言えよう.

　手島堵庵に「商人一枚起請文[13]」がある.内容は極めて平明で「人は生得皆善なるものなり」「上を敬い又下はいたわりめぐみ,我が身にいやなる事を人にしむけず」「返すあてなきかねを借らず,入りをはかりてむやくのかねを遣わず」「万 の物ずきをやめ,不養生をせずして己がうけ得たる家業を精にいれ,実義に違 わねば必ず相続するぞと思いとりて勤むるうちに籠り候なり」「神仏のあわれみにはずれ,先祖二親の本懐にもれ,不孝の罰をうけ候べし」「一向に実義をもって面々の家業を大切に勤め,心の内にかえり見て恥じる事なき様にせらるべし」と諭す.また,堵庵は自らの戒めとして,1.家業うとくして門おとろうこと,2.色欲にあやまること,3.親戚と睦ましからざること,の三点を掲げている.家訓・社訓の基本となる訓えである.

(2)　徳行の心学者・中井源左衛門の家訓「金持商人一枚起請文」

　近江・日野商人,中井源左衛門 (1716～1805) は最晩年に「金持商人一枚起請文[14]」を遺した.源左衛門は心学者としても著名だ.以下に全文をあげる.

　　「金持商人一枚起請文」文化二年 (1805) 正月　九十翁中井良祐識
　　　もろもろの人々沙汰し申さるるは,金溜る人を運のある,我は運のなきなどと申すは,愚にして大なる誤りなり.運と申す事は候わず.金持ちにならんと思わば,酒宴遊興奢りを禁じ,長寿を心掛け,始末第一に,商売を励むより他に仔細は候わず.此外に貪欲を思わば,先祖の憐みにはづれ,天理にもれ候べし.始末と吝きの違いあり.無智の輩は同事とも思うべきか.吝き光は消えうせぬ,始末の光明満ぬれば,十万億土を照すべし.かく心得て行いなせる身には,五万十万の金の出来るは疑いなし.但し運と申す事の候て,

国の長者とも呼るる事は，一代にては成りがたし．二代三代もつづいて善人
の生れ出る也．それを祈り候には，隠徳善事をなさんより全く別儀候はず．
後の子孫の奢りを防げんため，愚老の所存を書き記し　畢<ruby>畢<rt>おわんぬ</rt></ruby>．

　源左衛門は，心学者の脇坂義堂と親しく，竹中靖一は「義堂は堵庵の門弟で
あって中井家に出入りしていたのであるから，堵庵に『一枚起請文』のあること
を，源左衛門は義堂から伝え聞いて知っていたかもしれない」と書いている[15]．
　義堂は，中井家からの援助と自らの拠金をもって，大津・京都間の逢坂の関の
車石工事と蹴上の常夜燈の建設を行っている．中井家は天保の飢饉などに際して
も，多額の寄付を行った篤志家でもある．

(3)　主静舎・加島家の家訓と藩財政への貢献

　米子の豪商に鹿島家があり，心学・主静舎を運営した．同舎は天保12（1841）
年頃創設され，都講は鹿島助左衛門，鹿島治郎右衛門が務めた．
　『米子市史全』（1942年）には69頁に亘り，鹿島家の商家としての繁栄ぶりや，
鳥取藩の財政難にからむ献金問題が記録されている．
　治郎右衛門は天保8（1837）年に鳥取藩から<ruby>頌詞<rt>しょうし</rt></ruby>を受け，「永年，心学を心掛
け，勧善懲悪の道を以て諸人を善道に導き，陰徳を施し，凶年の時には大いに力
を尽くした」と功績を讃えられた．また，嘉永5（1852）年には心学を以って諸
人を諭し，倉庫を開いて貧民を救ったと藩公より表彰されている．
　藩からの多額の冥加金，幕末の軍費の調達にも可能な限り応じている．まさに
藩が為すべき役割を，物心両面から支えてきたのであった．
　鹿島家には寛政11（1799）年の起請文が残る．中井家とほぼ同年代である．
　その一部を紹介すると，「仁義礼智信，此の五ケ条を相守り申す可く候．手島
先生草双紙を心懸け見申す事専用也」「風雅を好み掛物，屏風，茶湯道具，腰物
類」を戒め，博奕・勝負事，他人からの借金，請け判（他人の保証人になること）を
禁止する．景気悪化の際は諸道具・貸家を売り払い，それでも不十分であれば田
畑をも売り払う．麦飯・粥を食べ，小百姓に成り下人を持たず，身を下に置いて
働けば，5人や7人の生活は成り立つ．盗人こそ恥であり，謙虚にして働き努め
ることはご先祖への忠義であり，子孫の為にもなる心得であると，繰返し述べて
いる．最後にもし一カ条でも背くことがあれば罰を蒙るとして，神仏・先祖の名
前を挙げている．
　このように利他の心を持った家訓があればこそ，鹿島家は藩の財政改善に貢献

し，国防に関わる資金も提供できた．心学主宰者として全国的にも抜きん出た富商であり，その教えが現子孫にまで及び，永続経営の手本となっている．

(4)　現代の経営に生かされる心学精神──渋沢栄一，松下幸之助，稲盛和夫──

「道徳経済合一主義」を主張した渋沢栄一は500の会社を興し，600の公共・社会事業関係の役職に就いた．日本における CSR の父とも言えよう．渋沢は『論語と算盤』[16]の中で，梅岩の門より手島堵庵，中澤道二が出て心学が普及したと説明し，『道二翁道話』の「孝子修行」について「いまだ忘れ得ざるほど意味のある面白いもの」と語っている．

渋沢は商業教育，商工業者の地位向上を図るとともに，政党の堕落を「国家の利害よりも己の利害を先にする」からであると厳しく戒めた[17]．まさに「先も立ち，我も立つ」梅岩哲学と共通である．

松下幸之助に松下電器産業時代，副社長として長年仕えた平田雅彦は，松下経営哲学の源泉を探っていくうちに，「松下電器の基本理念と全く同じことが，梅岩の商人道で述べられている」と書いている[18]．

松下経営哲学を具体的に表現すると次の3つとなるが，石田梅岩の『都鄙問答』との一致に平田は驚愕したという．① 商品の品質，性能において，どこよりも優れた商品を作る〔『都鄙問答』では「売物に念を入れる」〕，② お客様にどこよりも優れたサービスを提供する〔『都鄙問答』では「少しも粗相にせず売り渡す」〕，③ どこにも負けないコスト力を持ち，お客様に喜んでいただける価格で商品を提供する〔『都鄙問答』では「是まで1貫目の入用を700目で賄い是まで1貫目有りし利を900目あるようにすべし」〕．

松下はこう述べている．「経営理念の出発点」は「社会の理法，自然の摂理にかなったものでなくてはならない」．これが天命にかなうということだ．

松下は1905（明治38）年，船場にある堺筋淡路町の五代自転車店に丁稚奉公に入った．船場には商人の学び舎，明誠舎，恭協舎，有隣舎があり，石門心学の教えが根付いていた地であった．学問意欲旺盛な若者にとって，商人道と天地自然の理との一体化を語る心学に惹かれたのは必然であっただろう．

稲盛和夫[19]は京セラを創始したとき，「企業を経営するとはどういうことか」と真剣に悩み，その大義を求めていた時期があった．

ちょうどその頃，石田梅岩の心学に触れる機会に恵まれ，「武士が禄を食むのと，商人が利を得るのは同じであるという考え方に接し，大変勇気づけられた」と語っている．世のため人のために商売をしているのであり，正しい商いで正々

堂々と儲ければいい．それを江戸時代のあの封建社会の中で言ってくれた人がいたということにわが意を得，「梅岩が教える素晴らしい企業経営の倫理・道徳を身につけ，誇るべき哲学をもって経営していかなければならない」と誓ったのであった．稲盛が執筆した『京セラフィロソフィー』[20]には「経営者の心が愛に満ちていれば宇宙の意思と同調し，経営は順調なものとなる」など，梅岩の語録を思わせる言葉が綴られている．

　石田梅岩も渋沢栄一，松下幸之助，稲盛和夫も，実業界における稀代の英傑である．触れあう波動は時代を超えても共鳴し合う．歴史上の偉人との会話を試みて，自身の生き方哲学を確立し，社会的責任を全うしたいものである．

　なお，誌面の関係で本文に記述できなかった石門心学の顕彰者を氏名のみ記す．吉田松陰，鈴木大拙，西晋一郎，野間清治，和辻哲郎，森信三，倉本長治，芝田清次，山本七平，寺田一清，木南卓一，由井常彦，堺屋太一，玉置半兵衛，執行草舟，北尾吉孝．

お わ り に

『都鄙問答』「都鄙問答の段」の段に，師の了雲の言葉を綴っている．

　　道は道心といって心なり．子曰く，故（ふる）きを温（たず）ねて新しきを知るは以って師たるべし．故きとは師より聞く所．新しきとは我発明する所なり．発明して後は学ぶ所我に在りて，人に応ずること，窮まりなし．これを以って師と成るべし．（『都鄙問答』13頁）

　梅岩は了雲の教え「温故」を門人に伝え，弟子達は時代に合致した改革「知新」を志向した．梅岩が目指した平和，恒久，繁栄に導くには，一人ひとりが石門心学にCSRを加えた哲学を持ち，天命に恥じない行状を実践することにある．それによりフェアな成長を可能にし，先達に誇れる世界が実現するであろう．

注
1）　石田梅岩『都鄙問答』岩波書店〔岩波文庫〕，1970年［第9刷］．なお，読みやすくするため，旧字などの一部を新字体に改めている．
2）　木山実「近江商人の「三方よし」」『関西学院大学産研論集』43，2016年．
3）　逆井孝仁「石田梅岩の思想と背景（下）」『立教経済学研究』1960年．
4）　白石正邦『石門心学の研究』成美堂書店，1920年．
5）　石川謙『増補心学教化の本質並発展』合同出版，1982年．

6）　清水正博「石田梅岩の真髄と現代に伝承される石門心学」「大阪経済法科大学地域総合研究所紀要」11，2019年．

7）　石川謙『石門心学史の研究』岩波書店，1938年．

8）　同上．

9）　高野秀晴「石門心学における教化統制力とその圏外——石川謙『石門心学史の研究』の再検討——」『季刊日本思想史』65，ぺりかん社，2004年．

10）　藤岡作太郎「心学の伝統」『史学雑誌』5（10），1894年．

11）　奥田頼杖『心学道の話』協和書院，1935年．

12）　大和商業研究所ホームページ〈https://www.yamatoshingaku.com/〉2021年1月30日取得．

13）　手島堵庵『手島堵庵全集』明倫舎，1931年．

14）　江頭恒治『中井家の研究』雄山閣，1965年．

15）　竹中靖一『石門心学の経済思想』ミネルヴァ書房，1962年．

16）　渋沢栄一『論語と算盤』角川学芸出版，2008年．

17）　土屋喬雄『渋沢栄一』吉川弘文堂，1989年．

18）　平田雅彦『企業倫理とは何か——石田梅岩の学ぶCSRの精神——』PHP研究所〔PHP新書〕，2005年．

19）　日本財団図書館HP「心学開講270年記念シンポジウム」〈http://nippon.zaidan.info/seikabutsu/2000/00198/contents/164.htm〉2020年11月12日取得．

20）　稲盛和夫『京セラフィロソフィー』サンマーク出版，2014年．

第6章
石門心学は子ども教育に役立つか

は じ め に

「生きる力」は，自分の道を切り拓いていく力である[1]．保護者だけでなく地域の大人たちも子どもたちの「生きる力」を育んでその方向性を確認し共有する社会を創造することが，教育のあるべき姿であろう．

本章では，子どもたちの「生きる力」をテーマとして，今"SDGsな江戸"と"江戸の教育力"を探り，石門心学での"子ども心学ゼミ"の様子から"夢を通してどう生きる力を育んでいったか"を概観したい．

まさに本年度から小学校教育に"SDGs授業"が取り入れられた．そこには質の高い教育を，多様な民間企業の力を活用した授業が取り入れられている．いよいよ"子ども"が"夢を描くこと"がこれから重要視されていくと確信する．数年前から，"自分の夢を描き，それを全員の前で語る"授業に取り組んでいる事例等を紹介し，石門心学との共通点を探る．

1　SDGsな江戸

「江戸っ子」「宵越しの銭を持たない」「いき（粋）」「なさけ（情け）」は江戸のイメージである．そこには，時代小説に登場する名主・大家（差配人），長屋木戸・木戸番，札差・五二屋，町奉行・目明し……が活躍していた．生活に困ったときの家族の絆，互いに互いを必要とする関係性の社会があった．特に子どもは国の宝，次の江戸を背負うものだと大切に育てられ，子どもと共に日常生活を楽しみ，教育に努めることが両親の重要な役割とされた．と同時に，子育ては親だけが単独で子どもに向き合うのではなく，長屋や地域に住む人々も間接的に「子育て」に関わった．

子どもは地域社会の大人たちの仕事ぶりを見て，感じて，あこがれて親の姿を敬い「生きる力」を身につけていったであろう．

循環型社会江戸の職業

江戸時代はモノが少なく貴重であった．ゆえにモノを大事にし，融通しあい，助け合う人間関係の深い社会が形成されていた．様々なモノがリデュース・リユース・リサイクルされ，その目的に自然発生的に登場した職業も多く出現し，江戸庶民の暮らしを支えあっていたSDGsな社会であった．

リユース目的の職業には，**鋳掛屋**（底に穴のあいて使えなくなった鍋，釜，鉄瓶の修理屋），**焼継屋**（瀬戸物や茶碗を接着して直し販売），**箍屋**（桶や樽の枠をはめ直す職人），**古傘買い・張替え**（買い集め，古骨へ新しく紙を張って傘を再生）などがあり，現代にない職業が次々に出現していた．

当然，親から引き継いでいる職業もたくさんあった．**医者**（資格試験などはなく，商人の子どもも医者になれた），**大工**（江戸では火事が多く，建て直すのに建築に関わる職人が必要であり大工は多くいた．中でも棟梁は職人中の職人であり，江戸時代の花形職業で，お洒落で派手で「粋」な存在だった），**火消し**（「火事と喧嘩は江戸の華」纏持ちは江戸の町のスターだった）などがよく知られている．

子どもたちは，親の仕事にあこがれ，跡を継ぐことを夢みて日常手習いに励んでいた．子どもは棟梁に，町の火消しにあこがれて将来活躍している夢を描いていたかもしれない……．石田梅岩は職業についてもしっかりと教えている．『都鄙問答2)』の中で田舎から上京して梅岩を訪ねてきた人達との問答で言っているのであるが「武士は，仕える君主の臣であり，心は常に主君に向けられるべきだ．昔から不忠に走るものは，禄をむさぼろうとする心に端を発している」とか，医者は「まず医学に心を尽くすべきだ」そして「人の病気を自分のように考え，確固たる信念と覚悟がなければ医者となって人の病気を治すこともできない」などと，「自分の仕事に精魂を傾けよ」と教えている．SDGs目標「働きがい・雇用」「地域社会の繋がり」の江戸時代である．

2　寺子屋と子どもたち

(1) 江戸の寺子屋

元禄の頃から庶民の子どもに手習いを施す寺子屋は急速に普及し始め1722（享保7）年には約800校もあった．男児，女児席を同じくはしないが，いずれも7，8歳から入学させ，手習いを通して，「書く」「読む」そして道徳的な「躾」をも教えていた．教科書は将来の職業・仕事に関連したことを読み書きで教えており，往来ものが多く使われた．『商売往来』『問屋往来』『呉服往来』『百姓往来』（農

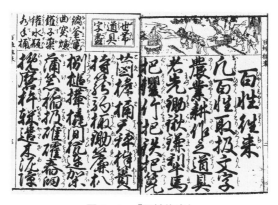

図6-1　『百姓往来』
（出所）国文学研究資料館所蔵.

作業活動や生活の心得，土地の利用方法などを網羅したもの）『番匠往来』（大工職人などの使う建築道具・用語など専門用語の説明）などがあった．また，女子用往来として百人一首や『古今和歌集』，『源氏物語』など古典の教養書や習字手本用として『女今川』（江戸前期の往来物）『女大学』があった．経営者や師匠は，江戸，京都，大阪とその周辺農村地域では，庶民が40％を占めており，ついで武士・僧侶，医者・神官の順位であった．江戸では三分の一が女性師匠であった．講舎は，経営者・師匠の自宅であり当時は借家が圧倒的に多かった．

(2)　古川柳にみる寺子屋の様子[3]

　江戸の川柳作者たちは，子どもたちの寺子屋での無邪気な姿態を多くの句に残している．母親に連れられ最初は緊張してかしこまり師匠に挨拶した後で，すぐに慣れ師匠の目を盗んではいたずら三昧となりながらも，親の恩を知り感じながら新しいことを学んでいった．

◆「身にあまる恩は七つの年に受け」
　寺小屋に入門，素養を身につけさせてもらうのは，すべて親の恩である．親の教育方針によって子どもの躾が左右された．
◆「仮名習ふ子供筆にもしんがなし」
　芯が無い筆は使い物にならないように子どもはどうなのか．墨を飛ばして顔も黒々としているさまは現代も同じでほほえましい．

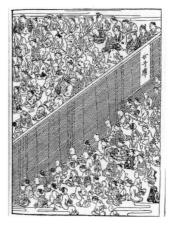

図6-2　手島堵庵による前訓講話図

（出所）『石門心学』岩波書店，1971年.

◆「さあへのこ書けと机へ上げて責め」

　いたずら書きに「へのこ」（男根）を書いたのが露見し，机へ座らされ「もう
いちど書いてみなさい」と責められている．

◆「師の影は踏まず親父の跡を踏み」

　師の影を踏まないできちんと礼節を守ってきたが，親の家業を継ぐために，
親の通った道は踏むことになった．礼節をきちんと守ってきたからこそ，親の
仕事に就こうと決意している．

　子どもたちは毎日通学し，悪戯しながらも親の恩を知り12〜13歳までには生涯
必要になる計算と文字をしっかり身につけ，後は前項のような職業に就いていっ
た．およそ6年間に子どもたちは将来の夢を描くことができただろうか……志を
高く持つようになったと想像したい．

(3) 手島堵庵と石門心学

　石田梅岩は，人間の「本性」，生きるべき道の独自の境地を開拓した求道者で
あったが，1760年梅岩17回忌法要の席で正式な後継者として推された手島堵庵は，
求道者というより教育者・指導者として，梅岩の教えを石門心学と呼び全国的な
組織拡大の道を開いた．また，女子，子ども向けの家庭における日常の行儀や心
がけを説き示した．『前訓』により，生活指導や徳育を中心とした講釈を行った.

図6-3　い　　　　図6-4　お　　　　図6-5　さ　　　　図6-6　み

（出所）「ねむりさまし」『石門心学』岩波書店，1971年.

手島は組織的な運動指導者として能力と意欲の道主であり心学講舎を京都に三舎，
大阪に二舎常設させている．師石田梅岩は「性」と「理」を説いていたが，手島
堵庵の教えは，もっぱら「心」，それも誰しも本来持っている自我とは区別され
る「本心（自己）」の存在を強調，「他人をたてれば己もたつ」と説いている．

(4)　「兒女 ねむりさまし5)」

　「兒女（こじょ）ねむりさまし」は，家庭の躾，親孝行，正直などの身を収める
徳目を歌にした「いろはうた」（施印）のこと．子どもが口ずさみやすい歌にして，
すぐ覚えられるように絵を添えて手島堵庵が作った．子どもは心学道話の時だけ
でなく，家では暦のように柱や壁に貼っていつも目にして覚えたのである．子ど
も心に関する二，三の重要な句を拾って見る．

　　　○い「いぢがわるうは生まれはつかぬ 直が元来うまれつき」
　　　　意地が悪いのは生まれつきではないよ．誰でも生まれてくるときは素直な
　　　　のだ．
　　　○お「おくの奥までさがしてみても かぎりしられぬ我がこころ」
　　　　ずっと奥の奥まで探し回っても，どこまでもはてなく広がっているのが心

というものだ．
㋚「さても心は奇妙なものじゃ　おぼえしらねど覚えしる」
本当に心というものは不思議なものだ，全く心当たりがないのにどこかで
あった様な気になることがあるよ．自分の本当の心はどこにあるのだろう．
㋯「みたいしりたいそのこころざし　あればしらるるわがこころ」
自分の心の中を見てみたいし知りたい，本当にそう思うならばわかるはず
なのに．

　以上の4つの句は，子どもには大変難しいが，カルタを眺め口ずさむことによ
り，自分を見つめ，「心」「本心」について考えていくのである．まさにSDGs目
標「質の高い教育」となっている．

3　子どもゼミを全国に開講する

　手島堵庵から江戸への石門心学普及の命を受けた中澤道二は，1779（安永8）
年，江戸日本橋に学舎「参前舎」を開講，関東一円の藩主はじめ武家社会にも受
け入れられその影響は東北にまで及んだ．江戸時代の石門心学ゼミナールの様子
と現代の全国に広がっている「無料学習塾」を紹介する．

(1)　『心学こゝろのしらべ[6)]』

「心学こゝろのしらべ」文政十年亥十月朔日（ついたち）会輔善言集
　農村での開講は活発に行われていて，常陸国真壁郡下館町[7)]の有力な 晒 木綿買
次商人の中村兵左衛門は，石門心学領地内教化に積極的であり，1827（文政10）
年中村家において6日間開催された会輔の初日の記録である．中村家子女や近隣
の子たち11名，初回は女子のみであったが集まり，心学講師の出題に対して，少
女たちが思い思いに応答している．一巡したところで，講師がいかにも心学者ら
しい説明をほどこしている．いくつか選んで見てみよう．

[問]　道に行きひとつきあたらむやうに行ハいかが致して行候哉
　道を歩いていく際に人と衝突しないで行くにはどうすればよいか

[答]　朝をきてあの人は悪いひこの人ハ悪ひといふを人の道につきあたるるとそ
　　　んじ候，心正直なれバつきあたる事ハ御座なく候（丑十一歳，中村おた称）
　朝起きてすぐに，あの人は悪いこの人も悪いと，まさに正直ではない気持ちで

一日を過ごし，行動に表すと，人と衝突するよ．正直な心理状態であれば衝突はしないよ．

[答]　道をあるくハ人を道のよきほうを通シ我はわるいほうを通ると人につきあ
　　　たらぬとそんじ候（卯九歳，栃木屋礼女）

道を歩くときは人には良い道を通るよう勧め，自分は悪い道を通れば人と衝突しないよ．

[答]　夏は日のてるほうをとおり冬はひかけを通りそうらへば人にあたらぬ事と
　　　存候．仁儀礼智信一ツかけても人にあたる事とそんじ候（酉十五歳，井川あ
　　　い女）

夏は日の当たるほうを通り，冬は日陰を通るように人の気持ちを推し量ることができれば人と衝突しない．仁儀礼智信1つが欠けても衝突するよ．

　このように「問」には「道」をどう読むか，キーワードが隠れている．9〜15歳の子に「道は元より正直なるもの」と，「道」と石門心学の核心概念である「正直」を自ら考えさせ，他人の言葉に反省もさせ学んでゆく．9歳のあどけない子供心の「謙譲」は親の教育によると思われるが，「仁儀礼智信一ツかけても人にあたる」など一段上のレベルのことを，わかりやすい「道を通る情景」から考えさせている．

　　　[心学講師の答]　子貢曰ク，一言シテ以テ身終ルマデ行ウヘキコト有乎，子
　　　曰其恕乎 己ノ欲セザル所ニ施スコトナカレ，古歌ニ「命をハおしまぬもの
　　　ハなかりけり　我身をつみて人のいたさを」，冬ハ日かけ夏ハ日あたりを通
　　　ウバ突きあたる事ハあるまじ，又日用五倫の交わりとてもその如し，美服美
　　　食各〻好所也人も好む所己達んと欲セハ先人を達ス，我麁服麁食好ハ〻生が
　　　い人に突あたることあるまし，さすれバ身修りて安宅なるべし，かくの如く
　　　口にわ申共身に行ふ事小子も恥入申候　十月朔日会輔終り　愚志拝ス

　心学講師の「模範解答」では，子貢が質問する「一言，生涯貫き通すべき言葉はありますか」，孔子答えて，「それは恕（思いやりの心）であろう」（自分がして欲しくないことは，他人にもしてはならない）．また，古歌にある「我が身をつねって人の痛さを知れ」（他人の痛みや苦しみを，自分自身の痛みに置き換え，相手を思いやることが大事だ，人にもするな）と教えている．さらに，美服美食のように他人も己も好むことは，己（おのれ）立たんと欲すれば人を立てればおのずと得られる．「麁服

写真 6-1　無料塾「高槻つばめ学習会」
の指導風景
(出所) 筆者撮影.

麁食好ハゞ」生涯人に当たることがない，日常の中の五倫（父子，君臣，夫婦，長
幼，朋友）との関係を高いレベルで説き，「日常生活の中でも実践しなさい」と
「道」を教えている．これぞ，SDGs「質の高い教育」を行っていたのだと驚かさ
れる．

(2)　無料塾「高槻つばめ学習会[9]」

民間有志が主体となって活動している無料塾が，現在静かに全国に広がってい
る．その１つに大阪府高槻市の無料学習塾「高槻つばめ学習会」がある．2016年
５月に開講，経済的に通塾が難しい家庭の中学生を対象に学習支援を行い，年間
50回，生徒と講師合わせて延べ約1500人が参加しているという．講師はボランテ
ィアで最年少の高校生からシニアまで年齢層は幅広く，仕事を持つ社会人の参加
が多いことが特徴．このような「現代の寺子屋」とも言える無料塾の活動の想い
について次のように語っている．

　　モデルにしている「八王子つばめ塾」の理念には，ボランティアによって
　教えてもらった子どもたちが，やがて社会に出たときに，自分もまた同じよ
　うに社会に貢献しようと思う人材となって，"つばめのように還ってきてほ
　しい"という願いがあります．「高槻つばめ学習会」はSDGs目標「貧困を
　なくそう」「質の高い教育をみんなに」「人や国の不平等をなくそう」を目標
　にしています．無償で教えに来てくれるボランティア講師の皆さんへの報酬
　は，わからないことがわかった時に見せてくれる子どもたちの笑顔です．そ

して，ボランティア活動という「共助」による学びの場のあり方を模索している私にとって，今後も多くの示唆を与えてくれると思っています．（茶山敬子[10]）

　この現代の寺子屋では，生徒と講師の担当がほぼ決まっているようであり，生徒の個性に合わせた個別指導により，自分で力をつけていこうとする意志が強く働いていて，その成果には親が驚くほどであるという．

　1729（享保14）年石田梅岩最初の講席は京都の自宅で始め，講演は男女別なく無料で「希望者はどなたも自由にお聞きください」と掛け行燈の看板が掲げられ，ごく少数の聞手を相手にしていた．まもなく何人かの商人による門下生や地位を築き学問を身につけた商人たちよる，いわばボランティアができたのである．わかりやすい言葉で教え，「学問のために人があるのではなく，人のために学問はある」という石田梅岩の生き方には，地域の子どもたちと一緒に奮闘している全国の無料塾の人々の姿が重なって見える．「石門心学子どもゼミ」なのである．

4　今こそ夢を大きく膨らますとき

　子どもは，大人と触れ合い，周りの社会環境から，読むもの，見るものから強く好奇心に駆られ，憧れて，自分もそうなりたいと想いを強くする．将来の夢を単に持つだけでなくその実現に向けて具体的な努力をしていき，そして将来に向けた進路を切り拓いていくのである．

　これからの子ども教育は，江戸の教育力で見てきたように，再び「夢」を描くことが重要視されよう．

(1)　夢を視覚化する"ドリームボード®授業"[11]
　一般財団法人日本ドリームボード財団[12]が全国の小中学校での"夢を描く"授業の事業化に取り組んでいる．雑誌やカタログの絵や写真から，アッと心惹かれるもの，心に引っかかったもの，気になるものをはさみで切り抜き1枚の大きな紙に貼って（コラージュ法）未来の自分を想像する「ドリームボード」作りの授業である．切る，貼るという動作が，心の「拡散・統合」につながり，自分の興味関心が可視化された作品を「〇年には〜になりました」「〜が実現しました」と未来の日付でクラスグループや保護者の前で発表する．それは，「自分の知らない自分」に気づくことができ，内面なる心との対話となるのである．

写真 6 - 2　絵・写真の切り貼り
（出所）筆者撮影.

写真 6 - 3　グループ発表
（出所）筆者作成.

　1980年代から企業内研修や親子グループで始めた手法で，2016年 6 月，佐賀県有田町小学校にて全国最初に実施された．以後県下で広がり毎年 5 ， 6 校で実施されている．2018年 6 月には兵庫県の神戸学院大学附属中学校で，毎年入学した 1 年生対象の授業が行われ，作品発表には保護者も交わり，初めて知る子どもたちの想いに，うれしさ，驚き，感動のシーンをいくつも見かけた．

(2)　石門心学とドリームボード

　発表後の保護者向けのアンケートには，「自分の夢を実現する方法を，自分でいろいろ探しているようです」「いろんな本を借りてきて，その職業になるにはどうすればいいかをノートに書いていました」「親と何でも話すようになり，驚いています」「今まで自己主張しない子だったが "～がしたい" と言うようになりました」「スイッチが入ったように行動が積極的に変わった」，事実，夢がしっかりと映像化され，自分の将来の「なりたい姿」が見えた子どもたちは，自分の道を切り拓いていっている．例えば，「ウルトラマンになる」，とドリームボードを作成した小学生が， 5 年後自衛隊高等工科学校へ入学した，と親から手紙をいただいた．今頃は弱きを助けるウルトラマンになっているのである．このようなうれしい報告が毎年財団に届いている．

　江戸時代は，商品が手作業で作られていて多種多様な職業が存在していた．一芸に秀でたスペシャリストを見て育った子どもたちは，寺子屋で，石門心学講舎で，質の高い教育を受けることにより，「仕事とは何か」，「働くということはこういうことか」と，新しい発見をし，夢をつかむ道筋を発見して，自ら成長していったのである．

　石門心学講舎で学んだ子どもたちと同様に，ドリームボードと対峙することで，

その中で新しい自分を発見して，これからの道筋が閃いて自分を見つけていくのである．さらに，家族と地域との対話により，自らの仕事を見つけ，新たな問題を見出し，そして自らの内発的な力で解決への道を切り拓いて行くのである．

　寺子屋，石門心学を通して分かったのは，一貫して SDGs 目標「質の高い教育をみんなに」「働きがいも経済成長も」「親・地域の人とのパートナーシップ」が存在しており，"ドリームボード"に受け継がれていることである．

注
1）　文部科学省『新しい学習指導要領「生きる力 学びの，その先へ」』2020年.
2）　石田梅岩の2つの著書の1つ．他の1つは『倹約 斉家論』.
3）　渡辺信一郎『江戸の寺子屋と子供たち』美希書房，2008年.
4）　『前訓』手島堵庵作で教育者としての一面が強く出ており，7歳から15歳を集め，家庭における日常の行儀や心がけを説いている.
5）　「兒女ねむりさま」手島堵庵作『いろはうた』.
6）　1792（寛政4）年下館藩中村与左衛門家にて発見された文書.
7）　常陸国真壁郡下館町は現在の茨城県筑西市にあたる.
8）　石田梅岩が採用し手島堵庵が名づけた研修会の1つで特定の問いに対して応答させて理解を深める一種の「ゼミ」.
9）　高槻つばめ会〈https://takatsuki-tsubame.jimdofree.com/〉2020年8月31日取得.
10）　「高槻つばめ会」代表.
11）　「ドリームボード」は，日本ドリームボード財団が独占的に使用し管理する登録商標（登録日2015年9月1日）.〈https://www.dreamboard-japan.org/about-2/〉2020年5月10日取得.
12）　日本ドリームボード財団〈https://www.dreamboard-japan.org/summary/〉2020年8月31日取得.

参考資料
石川松太郎『藩校と寺子屋』教育社，1985年.
大石学『江戸の教育力』東京学芸大学出版会，2017年.
呉震（翻訳坂本頼之）「徳川日本の心学運動の「草の根化」の特色——民間文書『心学ころのしらべ』について——」『国際哲学研究』5，2016年.
柴田実『石門心学 日本思想体系42』岩波書店，1972年.
城島明彦『石田梅岩 都鄙問答』致知出版社，2018年.
由井常彦『都鄙問答 と石門心学』冨山房インターナショナル，2019年.
渡辺信一郎『江戸の寺子屋と子供たち』美希書房，2008年.
「平成20年度 環境／循環社会白書」〈https://www.env.go.jp/policy/hakusyo/h20/html/hj08010202.html〉2020年9月30日取得.

第*7*章
日本型CSRで企業価値を高められるか

　SDGsとCSR，石田梅岩の心学を統合した日本型CSRについて学んできたが，ここでは，企業の経済的価値，自然的価値，社会的価値をトータルで理解し持続可能な成長を高める方法と新しいビジネスモデルの創造について考える．

1　3つの価値に配慮した経営

　「優れた会社」「良い会社」とはどんな会社かと問われれば，財務実績が良く儲かっている会社，あるいは有名な大手の会社，老舗のような長寿の会社をイメージするかもしれない．何を基準に「優れた会社」「良い会社」といえるのかと問われるなら，おそらく多くの方は答えに窮するだろう．結論を言えば，自然環境と社会環境への負担（否定的な影響）を少なくして適正な収益も生み出していることを責任を持って説明できる会社が21世紀の「良い会社」である．社会に対して自分たちの良い実績を責任を持って正確に説明できる会社は残念ながらまだ少数である．環境と社会に貢献する倫理的なビジョンをもって計画的に取り組み社会と環境への貢献の実績をたゆまず積みあげていく会社が多数派とならなければ，持続可能な社会づくりは成功しない．

　このような21世紀の持続可能な成長と企業価値を最初に論じた2つの学説を紹介しておこう．その1つは，企業が取り組むCSRには4層構造のピラミッドからなると主張したキャロル（Archie B. Carroll）である．キャロルは，①経済的責任，②法的責任，③倫理的責任，④フィランソロピー（慈善活動）的責任の4つをCSRの特徴とし，①から順番に跳び箱を順番に下から積み上げるように，ピラミッドの形状をなすと考えた[1]．1990年代初めの企業経営者にとって，このCSRピラミッド説は倫理やフィランソロピーという責任が高次に位置づけられ経済責任も含む合理性のある提案として経済界に受け入れられた．だが，冷静に考えれば，この図式では，環境問題が取り上げられていないことや法的責任（法令遵守）は本来CSRの前提になければならないとするISO26000（2010年発効）の基調と比較しても先駆的ではあるがやや漠然としたCSRモデルであった．

　つぎに，エルキントン（John Elkington）のトリプルボトムライン（TBL; Triple Bottom Line）がある．企業の決算書の最終行（ボトムライン）に収益と損失の最終結果を述べてステークホルダーに財務実績を説明するように，企業の事業活動の成果を経済，環境，社会の 3 側面から評価する方法である．今日の持続可能性報告や CSR レポートの骨格になった学説である[2]．この 3 つの側面を 3 つの円で描き 3 つの領域が重なるところ（共通集合部分）がサステナブル（sustainable）な領域，つまり持続可能な領域であるとした．3 つの領域を必須とする持続可能な企業価値を論じたアプローチは秀逸であるが，3 つの側面の相互依存関係や優先順位は記されていないので，持続可能な企業価値を論じるにはやや説明不足の感がある．

　上記の現代企業価値論のフロンティアの学説も踏まえて，持続可能な企業価値のモデルを考えてみよう．現代の価値観が大きく変容し，人間労働の成果ではない自然環境や目には見えない意識や文化，慣習，コミュニケーションも人間の幸福感につながる大切な価値要素であることが認識されるようになった．それにともない企業の経済活動を評価する指標も大きく変容している．

　従来，企業の財務力や収益性などの財務的価値が企業の価値を評価する主要な指標だったが，それ以外の非財務価値（社会や環境への貢献度）が財務価値とともに重要な評価指標に移行してきた．この財務価値と非財務価値の合計が企業価値とされるようになり財務価値よりも非財務価値のウェイトが大きくなったとの報告もある．オーシャン・トモ社が行ったアメリカの S&P 500 社の市場価値の構成要素の調査結果によると，1975 年時点で企業の目に見える資産（Tangible Asset）は 83％，目に見えない資産（Intangible Asset）は 17％であったが，2010 年には目に見える資産が 20％，目に見えない資産は 80％に逆転し，目に見えない資産価値が目に見える資産価値よりも高まっていると報告している．目に見える資産とは，財務的価値で，目に見えない資産とは，環境（E），社会（S），ガバナンス（G）に関わる資産的価値である[3]．

　図 7-1 では，ある企業の経済価値（E; Economic value），自然価値（N; Natural value），社会価値（S; Social value）が描かれ，全体として二等辺三角形（または正三角形）を構成している．

　図 7-1 の自然価値（N）はある企業が自然環境を改善したり保全するための CSR 目標の達成度で表される．温暖化対策の目標達成度やゼロエミッション（廃棄物ゼロ）の達成率，自然から原材料を調達した後の修復や保全措置，廃棄物のリサイクル率，再生可能エネルギーの大気・河川汚染物質の排出削減実績，環境 NPO や消費者団体と連携して取り組んだ環境配慮型製品・サービス（エコプロダ

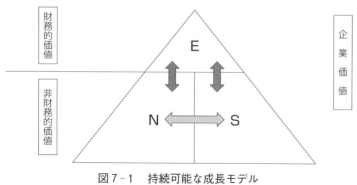

図7-1 持続可能な成長モデル

（出所）筆者作成.

クツ）の実績などが相当する．社会価値（S）は，社会環境を改善するための CSR 目標の達成度の大きさである．社員の健康や人権への配慮，正規雇用の保証，性や人種で差別せず多様性を受け入れるダイバーシティ（diversity）の達成度，障害者雇用率，残業の短縮または残業ゼロの実績，地域社会との連携実績，商品の売り上げ実績の一部を被災地域や社会福祉団体への寄付に充てるなどの社会貢献の側面を持つ社会配慮型製品・サービス（ソーシャルプロダクツ）の実績などが相当する[4]．

　自然価値（N）も社会価値（S）も隣り合わせの台形で，企業価値の土台を形づくり，NとSの確固たる基盤の上ではじめて経済価値（E）が実現するという関係を示している．EがNとSを前提にして成立しEのN，Sへの依存関係が一目瞭然である．Eが上位にあるから優れているのではなくNとSに支えられて初めて経済的収益が生まれる関係を示しており，その逆ではない．自然と社会（人々）に富の源泉があり，貨幣は富の拡大への仲立ちをしているに過ぎない．

　NとS間にある右向きの矢印は，原材料，食料資源，エネルギーの調達などで，左向きは環境保護や環境改善のための人的活動で，双方向の関係は人と自然との間の物やエネルギーの物質代謝をあらわす．Nに重点をおくかSに重点をおくかの相違で，N＞SあるいはN＜Sのケースでは，中央のタテ線を左右にずらせば，環境貢献型重視の企業か社会貢献型重視の企業かが判別できる．上下の矢印は，利益を含む経済的価値の発生と利益の還元を示す．「良い会社」は，事業活動の全プロセスで，NとSへの負荷を削減し続け，適正な収益をあげ，次世代に現在以上に改善された自然財産（価値），社会財産（価値）を残すことができる．このモデルはNとSの合計した面積が上部のEよりも大きく基盤が安定

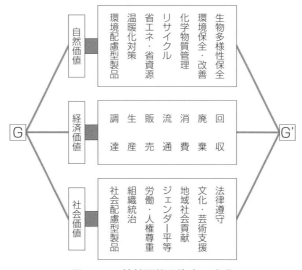

図7-2　持続可能な資本の公式

（出所）K. マルクスの『資本論』第1巻資本の生産過程に記されている「資本の一般的公式」を元に，筆者が加工・作成した.

していることを示し，先のオーシャントモ社の「目に見えない資産」の調査結果とも符合する.

　つぎに，この3つの企業価値が作られ利益も発生する資本の運動のプロセスを時間軸で示したモデルが図7-2である. マルクスが『資本論』第1巻資本の生産過程で使用した資本の一般的公式を参考に，持続可能な資本の公式として筆者が加工・作成した. G は，ドイツ語の貨幣（Geld）の略称で，G' は G + g（増殖した価値，利潤）の意味である. 最初の元手である G を3つの価値に投下しているが，自然価値と社会価値を損なうことなく経済価値の成長をサポートしている関係がわかる. 経済成長の牽引役は主に環境配慮型製品・サービスと社会配慮型製品・サービス（両製品を CSR プロダクツと総称する）が担っている.

　持続可能な成長の真逆の事例を東京電力の福島原発事故（2011年）から考えてみよう. 放射能汚染によって，福島県の自然環境に長期にわたるダメージ（否定的影響）を与え，残留する放射性廃棄物により長期にわたる内部被曝の危険から雇用や生計手段が奪われた. つまり，土台にある N も S も極端に収縮し，上部にある E もバランスが取れずに不安定になり正常な成長ができなくなる. これが持続不可能な成長モデルである.

　本書の「はじめに」でも触れたが，東京電力の福島原発事故によって，大都市の電力の供給が過疎化された地域に担わされ，原発事故が起きると真っ先に地方の住民の住む土地や自然環境が汚染され長期にわたって生命と生活が脅かされる事態になることを白日のもとに晒した．原発が本当に安全なら東京の中心に原発を設置したら良いのではないかと皮肉った映画『東京原発』も制作されたほどだ．その警告と懸念が現実のものになった原発事故への反省も不十分なままに，日本政府と電力会社はいまだに，原子力を CO_2 削減の切り札とみなし「CO_2 発生量が少なく温暖化対策に有効なエネルギー」であるかのように喧伝するが，まさしく詭弁である．

　電力中央研究所の「日本における発電技術のライフサイクル CO_2 排出量総合評価」が主張するように，原子力発電の電力の発生源では，CO_2 の発生量は他の電源に比べてたしかに少ない．だが，原子力事業が大きな環境負荷を与えている２つの事実を政府と電力会社はこれまで説明していない．

　その１つは，原子力発電所の停止期に代替する火力発電の CO_2 排出への環境責任である．原発は無数の複雑な部品からなり，絶えず部品の交換や修理，点検を必要とする．現在は，２年に１回，定期点検が行われており，その度に発電所は運転を停止する．発電所の使用年数が長いほど点検箇所や部品の交換が多くなり停止期間は長期化する．つまり，設備の寿命に近づいている老朽化した原発では運転停止期間も長引く．

　運転中の大小のトラブルも頻繁に起こり，その度に運転停止期間が加わる．福島原発事故が起こる前の2010年時点で，日本の原発の設備稼働率（年間あたりの運転時間の割合）は約67％であった．この設備稼働率はほぼ原発事故前の平均的な設備稼働率とみなすことができる．年間あたり３分の１の期間，原発は停止しているのである．

　一方，電力の供給は毎日24時間行われるので，原発停止時の電力を補うために隣接する火力発電所が代行して石油や石炭を燃やして発電する．どの原子力発電所にも必ず火力発電所が併設されているのは，原発の停止時のピンチヒッター役として非常時に備えるためである．そもそも日本の原発は火力発電所のサポートなしに維持，運営できないのである．電力発生量の約３分の１が火力発電で賄われるので，原子力発電量の母数が大きくなればなるほど，運転停止にともなう火力発電の出番が増え，CO_2 排出量も増加する．原子力発電が CO_2 排出量を削減するという論理は最初から破綻している．その証拠に，原発事故の起きる前の東京電力は発電量に占める原子力の比率を高めたにもかかわらず CO_2 排出量の削減

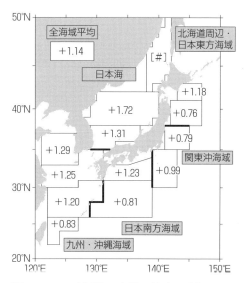

図 7 - 3　日本近海の海域平均海面水温（年平均）の上昇率（℃/100年）

（出所）気象庁「海面水温の長期変化傾向（日本近海）」〈https://www.data.jma.go.jp/gmd/kaiyou/data/shindan/a_1/japan_warm/japan_warm.html〉，2020年 9 月22日取得.

ができず逆に増やしていることが明らかになっている[5]．

　もう 1 つは，原子力の発電で生じた温排水による海の温暖化への影響である．原子力は，ウラン235という物質に中性子を衝突させて核分裂させ，そのときにでる高熱で蒸気を発生させタービンを回して発電する．大変な高熱（2400度）のため，絶えず海水などで冷却しなければならない．日本の原発が海に近いところにあるのは海水を原子炉の冷却材に使用するためである．だが，原発は発生した熱エネルギーの 3 分の 2 を排熱として海に放出しており，膨大なエネルギーの浪費であり海水の温暖化をもたらす一因になっている．原子炉の冷却のためにとりこまれ再び海に戻される水量は 1 秒間に 70t である．原子炉の冷却後 7℃ 近くも温められて海に放出されている[6]．

　図 7 - 3 をみると，日本近海における，2019年までの約100年間にわたる海域平均海面水温（年平均）の上昇率は，＋1.14℃/100年である．この上昇率は，世界全体の海面水温の平均上昇率（＋0.55℃/100年）よりもはるかに大きく，日本の気温の上昇率（＋1.24℃/100年）と同程度の値になっている[7]．地上気温の上昇が海水

図7-4　モクモクファーム・マップ
（出所）伊賀の里モクモク手づくりファーム〈http://www.moku-moku.com/farm/index.html〉.

温の上昇に影響を与えている側面もあるが，海水温の上昇に原発の温排水熱が作用していることは次の事例でも明らかである．福島の原発事故（2011年）以降，全国的に原子炉が停止した結果，関西電力高浜原発近海の海水温は3°Cも低下し，かつての魚介類が復活し元の生態系にもどりつつあるとNHKでも報告されている[8]．

　東京電力の事故前のサステナビリティ・レポートをみても，原発の点検やトラブル時の代替に火力発電所を利用してCO_2を増やしてきた事実や温排水熱を大量に放出して海水の温暖化をもたらしている事実について何の説明もされていない．逆に原子力が地球温暖化対策に貢献すると虚偽の論法で国民を欺いてきた．自社の事業に対する無責任な経営がレベル7という原発事故史上，チェルノブイリと並ぶ最悪の結果をもたらした．この福島原発事故は学校教育の「現代社会」や「現代史」のテキストのなかでとりあげ，エネルギー政策の失敗として永遠に記憶し負の教訓とすべきである．

　持続可能な成長は，自然に対しても社会に対しても負荷（否定的影響）を削減し次代への財産を豊かにして自社の経済成長をも可能にする．3つの価値に配慮したビジネスを推進するミクロ（企業）の原動力がCSRである．

2　合理的な動機づけと生産性を高める方法

　経済，環境，社会という 3 つの価値を高めるなら持続可能な成長につながることはわかったが，それだけでは，CSR を有効な形にして実行に移せない．つぎの 2 つの観点が必要になる．

(1)　独創的なビジネスをデザインする

　三重県の伊賀地方に「モクモク手づくりファーム」という農業テーマパークがある．小高い山々に囲まれた緑の林の中に欧米風のログハウスや牧場，宿泊施設，レストラン，パン工場，地ビール工場，コーヒーハウス，イチゴ農場，温泉施設など二十数カ所の複合施設が展開している．各施設は，自然の中を散策できるようになだらかな坂の小道でつながっている[9]（前頁の図 7 - 4 参照）．

　なぜ，農場や牧場が公園の中にあって観光地にもなっているのか．日本の農業を単なる 1 次産業ではなく，優れた農産物を加工し（2 次産業），そのプロセスも見学したり，自ら体験もでき，食品として販売もする（3 次産業）という総合的な農業ビジネス，6 次産業（1 次＋ 2 次＋ 3 次）を体現しているからである．

　このテーマパークの最大の売りは「体験教室」である．手づくり体験（ウィンナー，パン）や学習牧場（乗馬，乳搾り，牛の世話など）があり，消費者にも生産者の仕事の部分的な体験をしてもらい，感動を共有する事業を行っている．生産者も目に見える形で消費者の反応を知ることができ，フィードバックして新しい生産への刺激やアイディアを得ることもできる．全国で最初に手がけた「体験教室」は15万人以上の利用があり，そのほとんどがリピーターである．アルビン・トフラー（Alvin Toffler）が第三の波で予言したプロシューマー（Prosumer：生産消費者）の到来である[10]．

　工業化が進んだ20世紀は，工業と農業，サービス業などが分業化，専門化した結果，消費者の手元に届く食品（商品）がどういうプロセスでつくられているのか目に見えにくい時代だった．食の安全や安心が尊重される21世紀の今日，その生産のプロセスが公開され，部分的に体験もできて食品の安全・魅力を知りたいと願望する消費者も増えている．一方，農業・畜産業者も自分たちの生産物が消費者にどう受け止められているのか，知らないままに大手の流通業者に販売を委託して，「つくるだけの農業」に専念する主体性のない一次産業に留まっていた．プロシューマーはこの生産者と消費者の双方の世界にリンクできる知的で発信力

を持つ消費者である．彼らのおかげで生産者はこれからの食品作りへのアドバイスや情報を吸収しながら事業への構想をデザインできるようになる．モクモクの「体験教室」の利用客がリピーターでほぼ占められているという状況から，利用客の大半はプロシューマーと言えよう．プロシューマーの中から新しい農業や畜産業への後継者が生まれることも期待できる．

　現在，日本の農家では農民の高齢化と後継者難，若者の農業離れが進み，日本の農業への先行きに危機感を持った若者たちが中心になってこのテーマパークを立ち上げた．ここの社員の多くは農業や畜産業に日々従事しながらパーク内の仕事にも携わっている．農業，畜産業のプロの職人や技術者が案内し専門的に説明してくれるので，農業への熱意が伝わってくる．日本の農業の現状を打開し「ロマンと夢のある21世紀型農業」に変えようと挑戦している．現在，年間50万人の来場者があり，年商50億円を達成している．

　同社の農業・畜産技術力も国内外でトップクラスを誇る．2007年，ドイツで開催された「国際食肉業組合ハム・ソーセージコンテスト」にて金賞9つ，銀賞4つ，銅賞6つの過去最多受賞．2005年春季『全国酒類コンクール』国産ビール部門で地ビールの「春うらら」が1位を受賞．2005年10月『インターナショナル・ビアコンペティション』にてモクモクの地ビールが金・銀・銅賞を受賞．

　三重県産と一部九州の豚を使ったハム・ソーセージも保存料，結着剤，発色剤などの添加物を一切使用せず，原材料は，豚肉，食塩，砂糖，香辛料のみである．モクモク独自の製法で，豚肉が持つ肉の旨みと特徴を引き出している．

　輸入小麦はコンテナ輸送に長期間かかり，防腐剤や防虫剤などの農薬が大量に使われているためモクモクでは輸入小麦は使用していない．地元麦と北海道産麦をブレンドして安心できるパンがつくられている[11]．

　以下に掲げるモクモクの7つのテーゼがこの事業の最終目的地がどこにあるかをわかりやすく示している．

　　1．モクモクは，農業振興を通じて地域の活性化につながる事業を行います．
　　2．モクモクは，地域の自然と農村文化を守り育てる担い手となります．
　　3．モクモクは，自然環境を守るために環境問題に積極的に取り組みます．
　　4．モクモクは，おいしさと安心の両立をテーマにしたモノづくりを行います．
　　5．モクモクは，「知る」「考える」ことを消費者とともに学び，感動を共感する事業を行います．

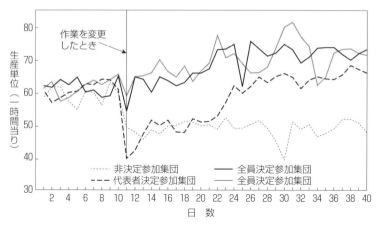

図7-5　作業計画立案への参加が生産性におよぼす効果

(出所) Rensis Likert, *New Patterns of Management*, McGraw-Hill Inc., 1961, 『経営の
　　　行動科学』三隅二不二訳, ダイヤモンド社, 1964年, 57頁.

6．モクモクは, 心の豊かさを大切にし, 笑顔の絶えない活気ある職場環境
　　をつくります.

7．モクモクは, 協同的精神を最優先し, 法令や民主的ルールに基づいた事
　　業運営を行います.

(2) 民主的な意思決定を経営に導入し生産性を高める

　ミシガン大学の社会心理学教授でリーダーシップ理論の研究者であったリッ
カート (Rensis Likert) は, 組織のコミュニケーション (意思疎通) を深めると従業
員の労働意欲を引き上げ, 生産性を向上させられるという2つの理論を提唱した[12].
　その1つは「システム 4 フォー」の理論である. 組織のリーダーを次の4つのタイ
プに分類しそれぞれのタイプの生産性を比較分析した. 独善的で専制的なタイプ
(システム1) では, 上司と部下の間のコミュニケーションはなく生産性は低い.
温情的だが専制的なタイプ (システム2) では, 上司と部下との間は家族的だが,
上司に具申できるのは限られた範囲で生産性はやや改善される. 協調的なタイプ
(システム3) では, 上司と部下との間の関係は親密で生産性は向上する. 参加的
なタイプ (システム4) では, 従業員の人格の尊重や能力や責任感を発揮できるよ
うに組織環境を整え上司と部下の信頼関係は厚く, モティベーションも高くなり
生産性も上がる.

　図7-5は, システム4のタイプが労働生産性を高めることを実証した研究結

果である．ミシガン大学の社会科学研究所が行ったこの研究では，同じ業務を行う集団を4つのグループに分け，従業員の経営参加のタイプが生産性にどのような影響を及ぼすかを40日間にわたって調査した．作業目標と作業方法に関わる計画の変更が11日目に行われる．その際に，実験集団1は代表だけがその計画立案過程に参加でき，実験集団2，3は全員が参加できる．対照集団は，会社の生産課から業務変更方針が伝達され簡単な質疑応答を受けただけで終了し，計画立案に誰も参加していない．横軸が作業日数で時間の流れを，縦軸が時間あたりの生産単位数，つまり労働生産性の変化を示している．

　最初の10日間，4つのグループは従来通りの作業を行い，時間あたりの生産単位数は平均60個前後で大きな差異はない．11日目から作業内容が変更されると，不慣れな変更方針に対応できず，すべてのグループの生産性は大きく低下した．だが，実験集団2，3はわずか1日で元の生産性水準を取り戻し，波動を描きながら右上がりに上昇し40日目には4グループの中で最も高い生産性を示した．対照集団の生産性は，大きく落ち込んだ後，変更前の水準に回復することはなかった．実験集団1は最初，対照集団と同じく低迷していたが，22日目頃から生産性を引き上げ実験集団2，3のレベルに近づいた．

　この調査結果から，従業員が経営に参加して業務内容や会社の方針の立案に参加することは，モティベーションを引き上げ，生産性向上に寄与すると考えられる．

　リッカートの2つ目のリーダーシップ論は「連結ピン」理論である．組織のリーダーの能力は，部下（下方向）に対してだけでなく上司（上方向）に対しても，同僚の仲間（水平方向）に対しても強い影響力（信頼や連帯感）を持つかどうかで測られるとする考え方である．権限を持つ上司に対しても積極的に発言し影響力を行使できるリーダーのもとで組織は自由な経営風土が形成され，従業員も経営に参加しているという一体感が得られる．部下への命令や指示などの上位下達には汲々とするが，上司への公正な影響力の行使では自己保身から「言わざる」を決め込む有象無象の「リーダー」が日本企業の組織に蔓延している．連結ピンとは，リーダーの所属するグループと上位のグループを強く結びつけるピンのような役割を持つことをいう．[13)]

3　日本型 CSR（J. AKINDO）で公正な成長をめざす

　3つの価値に配慮した経営を行うこと，新しいビジネスへのデザイン（構想）

と従業員の経営参加，自由な経営風土が生産性を高めることが持続可能な成長に大切な要素であることが理解できた．それとともに，経営者にとって何が善悪かを判断する大切な物差し（経営哲学）が追加されねばならない．

　石田梅岩の商人道の言葉にあらためて注目しよう．「富の主〔あるじ〕は人々である」「實〔まこと〕の商人は，先も立ち，我も立つと考えるものである」（本書の第3章，第4章，第5章を参照）．取引相手や顧客，つまりは商品やサービス（富）の受取り人がその商品を適正な価格で受け取って消費し人々の生活を豊かにすることや自社の商売を支える地域社会や顧客の環境の良好な整備に努めるなど「利他」を先行させてのちに「自利」を得る，を商人道と名づけた．この考えは，儒教や仏教，神道など人としての正しい行いに関わる学説も踏まえた上で，独創的な商業道徳観を確立したものである．自社の利益（報酬）と社会貢献（人々との富の分かち合い）を並列に論じる考えもあるが，石田梅岩の「利他」を先行させて「自利」を尊重する商業道徳こそ公正なビジネスの核心を突いている．石田梅岩の心学と西欧的な CSR の倫理観を結びつけてミクロ（企業や組織）のモラルある事業を進めるべきではないか．このモラルあるミクロの取り組みに法や社会的制度などのミクロを支援するマクロの社会環境を連結させた CSR を日本型 CSR（J. AKINDO）と呼ぶことにする．

〈付記〉
　本章の執筆に際して，伊賀の里モクモク手づくりファーム様から貴重な助言を賜りましたことに深謝を申し上げます．

注
1 ）　Archie B. Carroll,' 'ThePyramid of Corporate Social Responsibility: Toward the Moral Management of Organizational Stakehplders,' *Business Horisons*（July-August），1991, p. 42.
2 ）　John Elkington, *Cannibals with Forks: The Triple Bottom Line of 21st Century Business,* Capstone Publishing Ltd,1999.
3 ）　Ocean Tomo, *Intangible Asset Market Value Study,* 2012，足立辰雄『原発，環境問題と企業責任』新日本出版社，2014年，33頁，グラフ参照．
4 ）　足立辰雄，同上，68～109頁．
5 ）　足立辰雄「東京電力における CSR 経営の批判的考察——福島第一原発事故を事例に——」『商学論叢』53（5・6），66～68頁．
6 ）　小出裕章『隠される原子力——核の真実——』創史社，2011年，77～79頁．
7 ）　気象庁「海面水温の長期変化傾向（日本近海）」〈https://www.data.jma.go.jp/gmd/

kaiyou/data/shindan/a_1/japan_warm/japan_warm.html〉，2020年9月22日取得．

8）　田中伊織「北海道西岸における20世紀の沿岸水温およびにしん漁獲量の変遷」『北水試研報』62，2002年，46〜52頁．斎藤武一『海の声を聞く――原子力発電所温排水の観測25年――』七つ森書館，2003年，202〜243頁．NHKニュース「原発停止　近海の魚貝類に変化：若狭湾の原発温排水の"威力"」〈http://www.youtube.com/watch〉，2012年7月15日取得．恩田勝亘「原発停止による日本海の変化」〈http://aopo.net/onda/vol858-o.html〉，2013年3月15日取得．

9）　足立辰雄『環境経営を学ぶ――その理論と管理システム――』日科技連出版社，2009年，68〜75頁．

10）　Arvin Toffler, *The Third Wave,* Morrow, 1980, pp. 276-283.

11）　金丸弘美『新農業ビジネス　伊賀の里ただいま奮闘中』NAP，2002年．木村修・吉田修『新しい農業の風はモクモクからやってくる』商業界，2011年．伊賀の里モクモク手づくりファーム〈http://www.moku-moku.com/index.html〉，2020年9月20日取得．

12）　Rensis Likert, *New Patterns of Management,* McGraw-Hill Inc., 1961（三隅二不二訳『経営の行動科学』ダイヤモンド社，1964年）．

13）　リッカート，同上書，152〜155頁．足立辰雄編著『ビジネスをデザインする』ミネルヴァ書房，2016年，255〜256頁．

第III部

SDGs-CSR を創造的に実践する

第8章

SDGs，CSR は企業の存在意義をどのように問うているのか

　私は弁護士として企業に関わっているが，企業は法律に触れるような違法なことをしなければよい，というものではない．企業は個人と同様に社会と共存し，社会と調和し，社会的問題に取り組むという責任がある．即ち企業は社会的存在である．例えば最近，企業における人権の尊重が頻繁に取り上げられ，国連でも「ビジネスと人権」について論じられている．企業が人権を尊重することが求められているのである．企業は法律に従った存在というだけではなく，社会的存在として成長発展をしてもらいたい．そして社会的存在としての企業に対してSDGs，CSR は法的な枠組みを超えて重要な考え方を提供する．その考え方は企業の存在意義に関わり，そして経営理念に現れる．

　本章では，SDGs，CSR は企業の存在意義とどのように関わっているのか，SDGs，CSR を経営に生かすことで企業が発展し，社員を幸せにできるか，SDGs，CSR を経営に生かし創造的に実践出来るのかについて，企業の事例を紹介しながら考えてみたい．

1　新型コロナウイルス蔓延と経営環境の激変

(1)　SDGs，CSR の意義

　まず SDGs，CSR の意義については第3章で詳細に論じられるので，ここでは簡単に確認する．

　SDGs は「Sustainable Development Goals」の略で，2015年に国連が提唱した持続可能な開発目標である．「誰一人取り残さない」という基本理念のもとに国際社会の共通課題である気候変動や格差是正などを含む17の目標とそれに対応する169項目のターゲットが盛り込まれている．目標については先進国を含むすべての国が取り組むが，国だけではなく民間企業に期待される役割も大きい．

　CSR は「Corporate Social Responsibility」の略で，「企業の社会的責任」と訳されている．その根本は「企業が社会の一員として，社会に対して果たすべき役割と責任」である．日本における CSR としては，石田梅岩の「石門心学」の

「実の商人は先も立ち，我も立つことを思うなり」という言葉に商人の商行為の
正当性の起源を見出すことができる．ここでも企業は単なる金儲けの手段ではな
いということを示唆してくれている．CSR は自分だけの利益を考えるのではな
く，相手方さらには社会にも役に立つことが重要だということである．SDGs と
CSR は，成り立ちは異なるが企業に対しての社会的意義を問うているという点
では共通している．

(2)　新型コロナウイルスによる経済環境の変化

　次に最近のコロナウイルスの蔓延流行により経済環境及び経済活動が激変した
ことを確認しておく．コロナウイルスの影響により，国内外ともに人の移動と人
が集まることに大きな制約が課された．それにより経済活動は影響を受け，経済
環境は著しく悪化し，製造，流通，消費の多くの点で経済活動が激減した．この
状況はワクチンが完成され多くの人に行き渡るまでは，回復の目途が立ちそうに
ない．さらにワクチンが行き渡った後も，経済環境が以前の状況に戻ることは考
えられない．経済の状況，働き方などがコロナウイルスで大きく変化してしまっ
たためである．多くの企業は在宅ワークやテレワーク等を取り入れ社員が出勤し
ない働き方に変化した．業態の変化による失業者の増大，リアル店舗からネット
取引への購買行動の変化による影響も大きい．

(3)　経済環境の変化による事業への影響

　このような経済環境下において，今までの事業を単に継続していたのでは事業
は低迷するか，あるいは廃業や倒産を余儀なくされる．この状況を乗り切るため
には，感染リスクを抑え込みながら現在の事業を継続するか，あるいは思い切っ
た業態の見直しや事業転換も必要である．多くの企業は金融機関からの緊急融資
制度による資金調達，行政からの助成金など暫定的な対応で一時的に困難な状況
を凌いでいるが，事業のやり方が今までの延長では収益性は上がらない．収益性
の改善がなければ緊急に資金調達した借入れも含め返済も進まない．事業の長期
的な維持も困難になる．社員の働く環境もテレワーク，在宅ワークなどの環境変
化を余儀なくされ，さらには失業のリスクなども増大している．

(4)　新型コロナウイルス蔓延と経営の方向性

　今，コロナウイルスで経済環境や社会環境の変化と人の行動様式が変化するな
かで改めて企業も変化することを求められている．どのように変化していくべき

なのか，それを考えるうえで軸とすべきものに SDGs と CSR がある．企業は事業活動を通して社会から求められているものを提供するとともに，人々にやりがいのある仕事を提供し，さらに社会的な問題を解決する．企業はそういう社会的存在である．その枠組みと事業の方向性を SDGs，CSR が提供する．その実現のために SDGs，CSR を踏まえた経営理念が必要であり社員に共有することが求められる．そして共有された経営理念を深めることで魂が入り，事業の推進力を引き上げ社会の課題も解決していく．

2　危機時における企業の経営理念の意義と SDGs，CSR との関係

(1)　厳しい経営環境を乗り越える企業はどういう企業か

　経営環境の危機時において，困難を乗り越えていく企業はいかなる企業か．経営の困難を乗り越えるには財務力，経営力，経営基盤等の要素が大きいことは確かである．果たしてそれだけなのか．困難を乗り越えていくためには企業にとって経営理念，使命，ミッションの存在が重要であり，それらが社員に浸透していることが不可欠である．

　事業が単なる金儲けの手段ということでは経営者は困難を乗り越える勇気や力は湧いてこない．社員にとっても同様で困難に立ち向かう勇気，知恵は出ない．なぜならそこには使命感がないからである．やはり仕事は自らの責任で社会に貢献しているという思いが不可欠である．自分の仕事が社会に貢献している，人様の役に立っているということで厳しい経営環境を乗り越えようとするエネルギーや創造力が湧いてくる．人とはそういうものではないだろうか．使命感が人に思いもよらぬ力強さを与える．ゆえに SDGs の17の目標，あるいは CSR の企業の社会的責任を踏まえた経営理念が重要である．SDGs の「誰一人取り残さない」という根本思想が企業に生かされることで，何としても企業を存続させよう，さらには何としても雇用を守ろうという原動力になる．社員も含めた知恵の原動力になる．

(2)　SDGs，CSR の意義を踏まえた経営理念を掲げる企業の事例

　SDGs の17の目標と CSR の意義を踏まえた経営理念を掲げて事業を行う企業として株式会社 One Vision（以下「One Vision」とする）の事例を紹介する．

One Vision の事業

One Vision は大阪にある高齢者介護と児童発達支援を行う企業である.

主たる業務は, 社会的弱者である高齢者への支援業務と発達に問題を抱える子どもたちに対する放課後デイサービスなどの支援業務の2つである.

高齢者への支援業務は, 住宅型有料老人ホーム, デイサービス, 居宅サービス・居宅介護等である. 利用者は高齢者であり社会的弱者でもある. 高齢者介護業務においては, スタッフが利用者にコロナウイルスを感染させてしまうリスクがある. 高齢で且つ持病を抱える利用者もいるので感染すれば重症化することは間違いない. そのうえ一時はアルコール消毒液やマスクが不足して利用者への感染リスクを抱えながらの職場環境でもあった. 利用者に感染させないために, スタッフは人の集まるところを避け, 外食をせず, 職場と家の往復に徹した. これは使命感がなければできないことである. 単に高齢者の食事, 生活の介助をするという意識では十分なサービスの提供はできない. 人に「自分の居場所」を提供するという企業の社会的責任と, 「誰一人取り残さない」という SDGs の基本理念を実現するというスタッフの理解と深い思いがあるからこそできる業務である.

発達に問題を抱える子どもたちへの支援業務は, 学習やコミュニケーション能力に問題が見られる子どもたちの「勉強の遅れ」を支援する事業として放課後デイサービスに取り組んでいる. 子どもの特性を専門的に理解し, その子にあった教え方ができなければ, 子どもたちは勉強ができなくなるどころか, 学習そのものへの意欲を失ってしまう. それゆえに医療, 心理, 教育などの専門的知識をもった専門家を担当させることが必要になる. 費用負担も大きく行政からの支援も十分でないこともあり, 採算性は厳しい. しかしながら社会におけるこの事業の必要性は極めて高い. それゆえに採算のとれるビジネスを目指し事業化に取り組んでいる. 持続可能なビジネスとして存続するために日々懸命に工夫している. そして One Vision 代表者の稲葉みか社長は多くの利用者の希望にこたえるためにもっと多くの施設に展開し, あるいはフランチャイズでの拡大も展開しようと考えている. まだまだ道半ばではあるが, 「人を大切にする」という経営理念の実践である. そのような実践が社員の心に使命感, やりがい, に火をつけ, 事業活動に魂がはいる. 子どもたちの支援をするスタッフが「子どもたちの笑顔や, 子どもたちが成長する姿からエネルギーをもらえます」と生き生きと語っていたことがとても印象に残る.

2つの事業はそれぞれ独立しているが, 高齢者向け事業のうち宅配事業については, 子どもたちが学校を卒業したあとの就労経験の機会としても利用されて

いる．これも工夫の現れである．

One Vision の経営理念

One Vision の経営理念は次の通りである．

> 「人が生きる喜びを感じられる‘自分の居場所’を提供し，そこで生きる人
> と支援する人双方の幸福を追求します」

経営理念をより理解するために稲葉みか社長からのメッセージを引用する．

> 「「この世界で一番不幸なことは貧困でも病気でもなく，自分が誰からも必要
> とされていないと感じることです」．これはカトリックの修道女マザー・テ
> レサの言葉です．私たちが仕事を通して出会う人たちは，小さな子どもから
> 高齢者まで誰もが輝く個性を持って生まれてきています．けれど，自分は誰
> にも必要とされていないと感じている人が少なくありません．人はありのま
> まの自分を必要とし，受け入れてくれる場所が必要なのです．人が共に受容
> しあい安心して生きることのできる社会を目指して，私たち株式会社 One
> Vision は力を尽くします．私たちも，出会った方々から，「あなたに出会え
> てよかった」と思ってもらえる会社であり続けたいのです」．

One Vision の経営理念や経営者からのメッセージの中には，直接に，CSR や
SDGs という言葉，あるいは SDGs の17の目標に関係するような言葉は出てこな
い．しかしそこには，すべての人に居場所を提供する，人間の尊厳は居場所があ
ることで守られる，居場所があることで人に値する生き方ができる，という考え
が底流にあり，SDGs の中心的な理念である「誰一人取り残さない」が One
Vision の経営理念に織り込まれている．

また，One Vision の事業内容は SDGs の目標3の「すべての人に健康と福祉
を」（あらゆる年齢のすべての人の健康的な生活を確保し，福祉を推進する）及び目標4の
「質の高い教育をみんなに」（すべての人に包摂的かつ公平で質の高い教育を提供し，生涯
学習の機会を促進する），目標8の「働きがいも経済成長も」（すべての人のための持続
的，包摂的かつ持続可能な経済成長，生産的な完全雇用およびディーセント・ワーク（働きが
いのある人間らしい仕事）を推進する）にも資する．

稲葉みか社長は経営理念を社員に共有してもらうことを積極的に取り組んでい
る．経営理念を掲げるだけでは事業に生かせない．経営理念を社員に繰り返し何
度も伝えることが重要である．経営理念を浸透させるために，事業の方向性の判

断，意思決定や問題解決のときに必ず社員とともに経営理念に立ち返って考えること実施している．また社内研修や経営者からのメッセージの中で経営理念を社員に繰り返し発信し，経営理念に立ち返り判断したことについては社員にフィードバックするなどを日々実践している．

　稲葉みか社長が「この困難な時代を生きる中で，社員全員が深く，さらに素晴らしい人たちになっていくことを確信している．そして私も彼らが社長と呼ぶにふさわしい人間として成長していきたいと思う」と語っていたことが印象深い．

3　SDGs と CSR に支えられた経営理念は社員の「総意」と「創意」を引き出す

(1)　深められた経営理念の重要性

　経営理念は SDGs を踏まえて十分に深められる必要がある．ただ，多くの中小企業は SDGs のことをあまり知らない．2018年に関東経済産業局により行われたアンケート調査によると「SDGs について全く知らない」と回答した中小企業は84.2％にもおよび，中小企業の認知度は15.8％にとどまっている．

　しかしながらその本質を体得している経営者は少なからずいる．先に紹介したOne Vision の稲葉みか社長もその1人である．お客様の要望に応え事業の固有の存在意義を果たし，社員の生きがいを作り出す場所として企業は存在している．さらに企業は社会に貢献するという CSR を担う存在でもある．そのことを深く理解している企業は，経営に使命感があり，社員の協力と支援が得られることで強い力を発揮できる．そこから社員の「総意」，「創意」が湧き出てくる．また事業推進力や危機回避力，さらには回復力の違いはそのようなところから出てくる．

(2)　経営理念を深める株式会社藤大の事例

　経営理念の意義を経営に生かし社員の力を引き出している企業として石田梅岩にもゆかりのある京都府亀岡市にある株式会社藤大（以下「藤大」とする）の事例を紹介する．

藤大の事業
藤大は電子部品検査，組立を主要業務とする企業である
会社ホームページから事業内容について要約する．
藤大は，内職からスタートし1993年の創業以来，京都府亀岡市に拠点に電子部

品の検査，組立などの技術で信頼の実績を積み重ねてきた．顕微鏡及び目視による外観検査，顕微鏡によるハンダ付け作業，電子関連部品の組み立てなどを行っている．細かい作業が中心なので女性パート中心に業務に取り組んでいる．

藤大の経営理念

経営理念は次の通りである．

> 人がすべてと考え，人を大切に一人ひとりに思いやりを持って向き合います．
> - 全従業員の，物心両面の"幸福"を追求します．
> - お客様の，信頼と満足を追求します．
> - 一人ひとりの自己成長で社会に貢献します．

環境方針は次の通りである．

> 「株式会社藤大は，全ての活動，製品及びサービスの品質向上と環境影響を改善するために，環境目標を設定し，環境マネジメントシステムを構築・維持運用することで，お客様の満足向上と環境汚染の予防・気候変動の緩和・生態系・生物多様性の保護と地域社会への調和を継続し，改善に努めます．」

藤大には長らく別の経営理念があった．それは次のようなものである．

> - 株式会社藤大は質の高い技能で検査，加工，ものづくりに挑戦しお客様の満足を得ることを使命とします．
> - 従業員とその家族の幸せを追求します．
> - 一人ひとりの自己成長で社会に貢献します．

この経営理念は，藤田大子社長には完全に腹落ちしていない経営理念であった．藤田大子社長自身もそのことは自覚しており，違和感を持ちながらもこの経営理念を掲げた．腹落ちしていない経営理念では，経営の推進力としては弱く，なにを軸にして経営していくべきなのか揺れている状況であった．なぜなら経営理念は企業の存在意義そのものだからである．

そこで2018年11月に経営理念を刷新することにした．なにを一番大事にしているのかを徹底的に考えた．藤田大子社長が一番大事にしているものは人である．人を大切にしていきたいという深く熱い思いを軸に半年以上をかけ考え抜き新しい経営理念を作った．それが新しい経営理念である．

「人がすべてと考え，人を大切に一人ひとりに思いやりを持って向き合います」

というところが以前の経営理念と大きく異なる．人が最も大切だ，人がすべて，との思いを深め，その思いを込めて経営理念を作り出した．この経営理念は，その後の会社経営の推進力になっている．

この経営理念は SDGs の中心的な理念である「誰一人取り残さない」及び目標8の「働きがいも経済成長も」（すべての人のための持続的，包摂的かつ持続可能な経済成長，生産的な完全雇用およびディーセント・ワーク（働きがいのある人間らしい仕事）を推進する）にも資するものである．

経営理念を見直したことによる会社の変化

藤田大子社長は新しい経営理念を考えていたところ，思いもよらぬことを幹部社員から言われた．「社長が変わったから，僕も変わった」．

その社員は10年近くも幹部として育成すべくコミュニケーションを図り厳しく指導をしてきた社員である．その幹部社員から先ほどの言葉を聞かされ，藤田大子社長は驚いた．「そうだったのか．自分自身が変わることがなく10年近くを一方的に社員に自分の考えを発してきただけだった」と気づかされた．経営理念を深く考えるなかで藤田大子社長のなかの何かが変わったのだ．

この経営理念のどこにそのような変化を起こさせるエネルギーがあるのか．それは経営理念の中心にある「人を大切にする」，という考え方である．「人を大切にする」という考え方が普遍的なものであり社員の共感を得られたからだ．

全く異分野であるフード事業への挑戦

経営理念の刷新と併せて，その後，藤大は2019年から全く異分野であるフードサービス事業に新たに挑戦をした．それは，「人を大切にする」という経営理念の実践でもある．顕微鏡や外観検査は年齢とともに視力が低下してくるので，仕事を続けることが困難になる．そんな社員に対して藤田大子社長は「いつまでも働ける場所をつくりたい」と考えた．8割を占める女性の強みを生かした事業展開を模索した．女性ならではの強みを生かしたいということからフード事業ではないかと方向を定め，ピザ，クレープ，ワッフル，カレーなどを社員とともに検討に検討を重ねた．地元の子どもから高齢者の皆様に元気になってもらいたい，地元の野菜も地産地消で，地元の方々にも喜んでもらえる，ということで，カレー事業に取り組むことにした．

これまで一緒に働いてきた社員がいつまでも働ける職場，活躍できる居場所をつくりたいとの想いからカレーショップの発想に繋がった．

みんなに愛される身体にもやさしいカレー，国民食でもある慣れ親しんだ欧風

カレーを目指した．何度も試食を繰り返し，ルウを使わない欧風カレー，京 FUJIHARU カレーを完成させた．

　京 FUJIHARU カレーは，お客様の口に入るまでに最低3日間必要である．食べると玉ねぎの甘味とスパイスの辛さが口の中を楽しませてくれる．スパイスだけではなく，素材もできる限り亀岡で生産されたものをつかう．手作りのピクルスにもこだわり，提供するサラダも季節ごとに旬の野菜を使うことを意識した．

　亀岡の地元の皆を元気にできる，誰もがおいしいと感じる本格カレー，しかも女性ならではの優しさを感じられるショップにするためメニューも社員と一緒に考えた．経営者のアイディアだけでなく，社員の創意や工夫，提案も引き出してたどり着いた事業である．コロナ禍で業績が低迷する厳しい状況ではあるが，社員の皆が笑顔と工夫で明るく頑張っている．

　コロナウイルスの感染リスクを抑えるためにテイクアウトも開始した．環境問題を意識しテイクアウトの時にタッパーを持参した人には容器代を代金から引いている．持ち帰りの容器の削減で環境への優しさを実現している．

　こういった取り組みは SDGs の目標を意識しているわけではない．しかしながら SDGs の目標12の「つくる責任　つかう責任」(持続可能な消費と生産のパターンを確保する) という目標にも資している．今はまだ SDGs の目標との関連を強く意識していないが，今後は SDGs についても理解を深め会社，社員の「総意」と「創意」が融合し SDGs への取り組みの活性化が進むことで事業の推進も期待できる．

　「カレーショップは単なるきっかけであり，はじまりだと考えている．亀岡の人々が集える場所を提供したい．また，創業よりお世話になってきた地域の活性化の役に立ちたいという考えもあり，3年，5年後のビジョンもカラーでイメージできるほど明確に持っている．このカレーショップをきっかけに，描いている理想を，ひとつひとつ丁寧に実現していきたい」と藤田大子社長は語る．

　藤田大子社長はさらに新しい事業の展開を考えている．その視点は環境だそうだ．藤大はどこまでも SDGs に沿った会社として発展していきそうである．

　昨今のコロナウイルスの影響で，従来のままでは事業の存続が困難であり，新しい分野に挑戦しなければならない．そのようなときに，改めて企業の存在意義について問い，存在意義の原点に立ち返って考えることは重要である．原点に立ち返ることで事業の新しい方向を見出す，そして社員のやる気，創意を引き出すことが出来る．そして原点に立ち返った経営の実践のためには経営理念に魂を込

めなければならない．何度も社員に経営理念を浸透させるべく語り掛けていく必要がある．2つの事例はその参考になるだろう．

　企業は法律に触れるような違法なことをしなければよい，というものではないと冒頭に書いた．企業は社会的存在であり，SDGs，CSR を踏まえた企業の経営理念を生かし社会的責任を果たすことが重要である．そしてその理念は，「人を大切にする」ということが根本に求められる．「人を大切にする」からこそ，社員が生き生きと働き幸福になれる．企業も社員も成長発展し，社会の繁栄につながる．

第9章
日本型 CSR をどのように創造するのか

　これまで学んできた SDGs や CSR, 石田梅岩の心学を会社経営の組織に応用して実効性のある日本型 CSR を創りあげる方法を考えてみよう.

1　経営理念と修正版 ISO26000

　日本型 CSR を作る出発点は, 経営理念の構築または再構築である. SDGs が求める17の分野に自社の事業 (これから起業する事業をも含む) の社会貢献内容が重なったり, あるいは類似点を見出したなら, 重複しないように合理的にアレンジする. その際, 日本企業の独自性を反映させて, 「日本的」「日本型」を主張することも大切なポイントである.

　SDGs や CSR という横文字を使わなくても日本の伝統的な文化や風土を生かした経営理念や商品メッセージを考え抜き洗練されたものにして世界の消費者から認められた日本企業がある. 株式会社「良品計画」である. 同社の秀逸な経営理念や企業のメッセージには SDGs や CSR の根底を流れる持続可能な社会づくりへの精神と多くの共通点がある.

　何色にも塗られていない木目むき出しの鉛筆, 茶色っぽい再生紙のノートやメモパッドを無印良品のお店で見かけたり手にしたことがあるだろう. 西友の PB商品 (プライベート・ブランド：小売業者が独自のブランドで販売する商品) として, 1980年, 「無印良品」はスタートした. 既存のブランドに対抗して, 無名の商品だが生活に価値ある厳選した商品を「わけあって、安い。」と宣伝し市場に提供した. それまで豪華な商品や過剰包装に商品価値を見出していた消費者に, 「華美で贅沢な」生活を続けていいのかという根本的な問題 (価値観, 生活哲学) を突きつけたのである.

　無印 (No Branding) でありながら「良品」であることを主張した同社の商品は大ヒットし, 1989年, 西友から独立して株式会社良品計画となる. 最初は食品を中心に40品目からスタートしたが, 現在は衣料品, 生活雑貨, 家具, 食品などおよそ7500品目へ拡充し, 年商約4000億円 (2019年), 国内外約1000店舗を運営する

世界企業へ成長した[2]．

　同社は，商品の原点を見直し，素材の選択，工程の点検，包装の簡略化の視点から実質本位の商品づくりをめざしている．これまでに見たことのない革新的な製品づくりではなく，すでに開発された日常生活用品群から暮らしの基本となる商品を絞り込み，品質も価格も「これでいい」という理性的な満足感を得られる商品を提供している．この差別化戦略への発想は，横並び意識に毒された通常の日本企業にはない高いインテリジェンスが感じられる[3]．

　実は，同社の商品メッセージには，日本の伝統文化である「侘び寂び思想」が根底に流れている点も大きな強みである．「自然，当然，無印。」．自然には印がない．多くの命と森羅万象がよりよく生きた結果が自然である．無印良品はこの自然を手本に開発を進めていく．「水のようでありたい」．まるで水のように無理をしないこと，背伸びをしないこと，暮らしの工夫を積み重ね，無駄を省き，低価格を目指すこと，簡素の美を求め続ける．「しぜんとこうなりました」．「普通の人々の暮らしがもう少し幸福になるためのお手伝いを続けていきます．資本の論理よりも人間の論理が少しだけまさっている点が私たちのオリジナリティです」．「繰り返し原点，繰り返し未来。」．ものをたくさん見せるのではなく，最小限であることが心地よくする．徹底して無駄を省き合理化することで物の本来の魅力を輝かせることができる．「良品にはあらかじめ用意された正解はない．しかし，自ら問いかければ，無限の可能性が見えてくる。」（「良品」ビジョン）．

　「日本の基本から世界の普通へ」という行動基準からも良品計画は，日本の伝統文化を踏まえて世界にアプローチするという確固たるポリシーをもっている．時代の中で無印良品を探求しお客様の期待を超える商品を提供して誇れる会社にする．誰もがフランクに議論し社会にとって正しいことを行い，世界レベルの高収益企業をめざす．この経営理念にふさわしく，資源の節約やリサイクルも手がけている．汚れてしまった洋服，成長して合わなくなった子供服，このような不要となった衣料品が，日本では毎年100万トン以上廃棄され，その9割が焼却される．「あなたの服を地球の福に」を合言葉に，良品計画は「BRING」（企業連携プロジェクト）に参加，実施している．不要になった無印良品の衣料品全般（下着を除く）・タオル・シーツ・カバー類を店舗に持ち込むと，「着ることができない物」はエタノールなどのエネルギーとして再生され，手を加えれば着られる物は国内で染め直して新たな商品（ReMUJI）として販売する．2019年の繊維製品の回収実績は約44トンである[4]．

　この良品計画のように，日本的な優れた価値観や倹約，美意識から，経営理念

図 9‑1　無印良品誕生時の40アイテム
（出所）株式会社良品計画.

や社是を見直し，SDGs や CSR が求める社会貢献のあり方を製品やサービスの中に具体化することも有効である.

　経営理念の策定のつぎに，社会的責任の手引きの国際規格である ISO26000 の7分野を検討し具体化する. その際に ISO26000 に欠落する本業での社会（環境）貢献という項目を加える. 具体的には，エコプロダクツ（環境配慮型製品・サービス）やソーシャルプロダクツ（社会配慮型製品・サービス）などからなる CSR プロダクツのことである. この主題を加えることで，営利をも目的とする企業の収益の正当性が担保される. SDGs の17分野から ISO26000 と重複しない分野を仮に1〜2分野追加しよう. 会社の収益性も大切なので，これも社会的責任の評価項目に加える. すると，つぎの10項目から改善目標が立案され，PDCA サイクルで毎年，CSR の事業活動の循環が描かれ，持続可能な成長目標に近づけることができる.（　）内の数値は，ある企業の100点満点で自己評価された目標の達成度の仮数値を表す.

　① 経営理念・経営計画（70点）
　　SDGs と CSR にも対応する会社の理念とその実行計画などの整備状況と

組織全体への周知徹底度.

② 組織統治（ガバナンス）（60点）

　会社の独善的な運営や不祥事，反社会的行動を予防する仕組み.

③ 人権・労働慣行（70点）

　差別をなくし社会的弱者への適切な配慮（Due Delligence）がなされすべて
の人への基本的人権を尊重する制度がある．労働者の採用および昇進，苦
情対応制度，労働者の異動および配置転換，雇用の終了，訓練およびスキ
ル開発，安全衛生，労働者組織の承認，団体交渉，社会対話などの制度が
機能している.

④ 環境（80点）

　汚染の予防，持続可能な資源の利用，気候変動の緩和及び気候変動への適
応，環境保護，生物多様性，および自然生息地の回復などの課題に科学的
な方針をもって環境への負荷を改善する.

⑤ 公正な事業慣行（70点）

　他の組織との取引等において，汚職防止，責任ある政治的関与，公正な競
争が行われるように倫理的な行動基準の遵守状況をチェックする.

⑥ 地域・社会（コミュニティへの参画）（80点）

　組織が所在する地域への社会貢献活動とともに，コミュニティーへの参画，
教育および文化，雇用創出および技能開発，技術開発および最新技術の導
入，富および所得の創出，健康，社会的投資.

⑦ 消費者課題（65点）

　組織の責任として，消費者への教育および正確な情報の提供，公正・透
明・有用なマーケティング情報，持続可能な消費の促進，社会的弱者向け
の製品・サービスのデザインなどの課題.

⑧ SDGs（70点）

　国連の持続可能な開発目標の17分野から独自に1〜2分野を選択して計画
目標を追加する.

⑨ CSR プロダクツ（55点）

　本業における環境・社会配慮型製品・サービスを開発し，売上に占める比
率を100％に近づける目標を持ち，その達成度を測る.

⑩ 収益性・生産性（75点）

　利益や利益率，労働者1人あたりの売上，労働者1人あたりの売上の改善
状況などから財務実績の健全性と経営効率のレベルを測る.

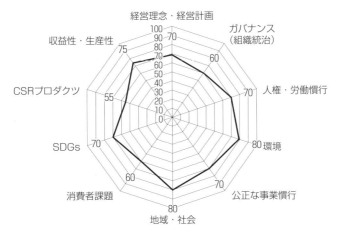

図 9 - 2　SDGs-CSR の自己診断チャート

（出所）筆者作成.

　以上，すべての評価項目を総計すれば，755点／1000点になり，平均すると約76点（／100点）になる．経営の重要性から，「収益性・生産性」への評価点を全体の2割程度に増やしたり，複数の項目を統合して合理化する方法も可能である．このサンプルのレーダーチャート（図9-2）から，この企業のCSR経営診断で低評価に終わった「CSR プロダクツ」(55点)，「組織統治」(60点)，「労働慣行」(60点)，「消費者課題」(65点) がCSR経営の改善への課題であることが浮き彫りになる．その項目を中心に次年度以降の大きな改善点として計画立案すれば，SDGs-CSR の目標達成に近づける．SDGs-CSR の一体的経営も科学的管理の対象としてマネジメントシステムに組み込めば，会社や組織の持続可能な成長と発展が可能になる．この自己診断チャートは，評価項目を多少変更すれば，国家公務員の上級役員への忖度や政治家との癒着で公正な意思決定や政策立案に疑念が生まれている政府機関や自治体にも適用できる．ISO26000 は政府機関や公務員組織にもこの規格の実践を推奨している．

2　CSR 推進委員会と PDCA サイクルをデザインする

　CSR を実効性あるマネジメントシステムにするために，経営理念の制定や修正版 ISO26000 によって自社の事業活動に具体化するシステムを見てきた．これらの事業活動の目標や成果は，CSR レポートもしくは持続可能性報告（サステナビリティ・レポート）という形式で，Web または紙媒体ですべての利害関係者（ス

テークホルダー）に定期的に情報を公開することになる.

　だが，CSR レポートなどの実績を公表するまでに，会社内に SDGs と CSR を一体的に運営する専門の組織が必要になる. 実は，ISO26000 という国際的な社会的責任規格は，社会的責任を推進する独自の組織について説明していない. ISO9000（品質マネジメントシステムの国際規格）や ISO14000（環境マネジメントシステムの国際規格）と比べると，マネジメントシステムとしては不十分な規格である. その欠点を補うために，社長直属の CSR 推進委員会（仮称）という組織を設けて，CSR 経営全般を立案，実施，点検する PDCA（Plan-Do-Check-Act）サイクルを描くことにしよう. ここでは大企業を想定するが，分業体制を組むことが難しい中小企業の場合，社長がすべての業務を担当するケースもある. しかし，会社の将来を決める組織であるために，全員が参加する形式でも良いので可能な限り分業化すべきである.

　この CSR 推進委員会の元には，先の修正版 ISO26000 の10項目に対応して専門部会を設ける. ① 経営理念・経営計画，② 組織統治（ガバナンス），③ 人権・労働慣行，④ 環境，⑤ 公正な事業慣行，⑥ 地域・社会（コミュニティへの参画），⑦ 消費者課題，⑧ SDGs，⑨ CSR プロダクツ，⑩ 収益性・生産性.

　各部会には，担当取締役，担当事業責任者の他に，労働組合代表，消費者団体や NPO 代表，弁護士，会計監査人が適正に配置されることが望ましい. 例えば，③ 人権・労働慣行部会であれば，事業をラインで指揮する側だけでなく，労働組合代表あるいは弁護士が現場の声を反映させて働く者の側からの意見や提案をも可能にする. 大企業の労働組合には，会社に対して批判的な意見を述べたり労働者の利益に立った発言ができない「御用組合」の幹部も多いと聞く. その場合でも，組合員は CSR 委員会で組合代表が何を発言し会社に働きかけたかを質問し組合ニュースなどで回答させるように努力する. 組合の SR 実績について不信感をもてば組合役員選挙で労働者本位の役員候補に投票し意思表示をするか，労働者本位の別の組合を選択することも考えられる.

　各部会の多数派は社内の管理職でも良いが会社に対する批判的な意見や改善提案にも耳を傾けて，「経営民主主義」を実践する. 会社にとって多様かつ辛辣な意見が出されてもそこから摂取し調整する能力と度量が企業に問われるだろう. 小倉昌男ヤマト運輸元会長（故人）は自身の豊富な体験から次のようにのべて，管理職の官僚制を打破するように警鐘を発した. 「現場を知るもう１つのパイプが，組合です. 私はそれで随分助けられました. 組合は現場の情報，不都合な話をトップの耳に入れるのも，仕事の１つなんですよ. 組合がなかったら，とても

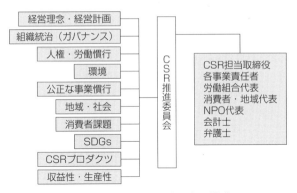

経営理念・経営計画
組織統治（ガバナンス）
人権・労働慣行
環境
公正な事業慣行
地域・社会
消費者課題
SDGs
CSRプロダクツ
収益性・生産性

CSR推進委員会

CSR担当取締役
各事業責任者
労働組合代表
消費者・地域代表
NPO代表
会計士
弁護士

図 9 - 3　CSR 推進委員会の構成
（出所）筆者作成.

社長はやってられないですよ．ピラミッド型の組織では，私の発言が曲がって伝えられることが多いですね．……逆に，下から上がってくる情報も，形を変えてしまいます．始末が悪いのは，伝えるだけの伝声管の人間，中間管理職が大きな顔をしていることです．管理職だから権威を持っている[5]」.

　CSR は本来，外部から強制されて運営されるものではないが，ステークホルダーや社会の要請に応えられる会社の能力の向上のためには，CSR 推進委員会は，会社の内部からの統制と外部からの統制の両側面をもたせることに配慮する．専門部会の起案を受けて全般的な問題を調整し各年度の CSR 経営計画を立案・実行・点検して，最終的に報告書を作成して事業年度を終える．最初は，CSR 推進委員会の全体会議に外部委員を参加させ，提言と評価を受け取る段階から始めて，次第に信頼関係が築かれれば，内部統制とも言える専門部会の委員としても参加してより良い専門的なプランづくりで協働するなら，高レベルの CSR 政策の立案と実績が期待できる．

3　社会的責任の実行プランと実績の公表化

　企業の CSR の優れた立案と実践，その社会的な公表が会社成長の原動力になる実例を積水ハウスの実績から考えてみよう．2020年に創立60周年を迎えた積水ハウスは，環境省から「エコファースト」（環境の分野で先進的，独自的で業界をリードする企業であることを認定する制度）の認証も受け取り世界的にも ESG（環境，社会，ガバナンス）投資で有力視される CSR 優良企業である．売上は2019年度実績で約

2兆4000億円，従業員約１万7000名を擁する[6].

　同社の経営理念（哲学）は，「人間愛」にあり，それが根本にあって，「真実と信頼」（私たちの姿勢）「最高の品質と技術」（私たちの目標）「人間性豊かな住まいと環境の創造」（私たちの事業の意義）の３つのポリシーを結びつけている.

　同社の「５本の樹」計画は，住宅の受注に際して，地域の里山生態系ネットワークの維持と回復のために，「３本は鳥のために，２本は蝶のために」という想いを込めて，生き物にとって利用可能性の高い「在来種」を中心に建築主に提案する生物多様性プロジェクトである．2019年度の樹木の植栽実績は109万本で，2001年の事業開始以降の植栽本数は累計1611万本になった.

　積水ハウスのCSR活動の実績は環境，社会，ガバナンスの３つの柱からなるが，ここでは，環境についてのみ同社のCSRの実績をみておこう[7].

　表9-1をみると，「脱炭素社会」「人と自然の共生社会」「資源循環社会」の３つの項目に分かれている．「脱炭素社会」の基準年は2013年度である．「グリーンファースト・ゼロ」とは，高断熱仕様の省エネ設備を搭載し，エネルギー消費量を大幅に削減し，太陽光発電や燃料電池などの自家発電機器を導入し，エネルギー収支ゼロを目指す住まいのことである．請負・分譲住宅に占めるグリーンファースト・ゼロの比率では，目標80％に対し実績は87％で◎になっている．同様に，事業活動と新築住宅からのCO_2削減実績はそれぞれ2019年度目標を超過達成して◎になっている.

　積水ハウスの「木材調達ガイドライン」は10の調達指針で構成され，違法伐採の可能性や樹木の絶滅危惧リスク，伐採地からの距離，木廃材の循環利用，伐採地の先住民にとっての伝統的・文化的アイデンティティ，伐採地の木材に関する紛争など，多面的な視点で調達木材を評価できるようになっている．その結果，４分類された木材のうち持続可能な木材調達比率（S，A分類）で初めて95％を超え，自己評価は○になっている．他方，同社は，森林保護の認証材の採用を単独の調達目標とはしていない．「小規模生産者の中には認証取得のコスト負担上の理由から認証は取得しないでも，専門家の指導などを受けながらアグロフォレストリー（混農林業）など，持続可能なコミュニティ林業に取り組んでいる生産者もいるためである[8]」．それでも内装設備のすべての木質建材の66％，構造材だけで93％がFSC（持続可能な森林管理の原則にもとづいて認証された原材料）/PEFC（国内森林認証制度）などの認証材となっている．廃棄物のリサイクル率（新築）も過去５年間100％を達成している.

　積水ハウスは，建築材料の木材の調達段階で違法な伐採や乱伐による原材料で

表 9 - 1　積水ハウスの CSR（環境）評価シート

重要テーマ	指標	単位	2015年実績	2016年実績	2017年実績	2018年実績	2019年 目標	2019年 実績	2019年 評価	2020年目標	2022年目標
脱炭素社会	グリーンファーストゼロ比率※1	%	71%	74%	76%	79%	80%	87%	◎	88%	90%
	事業活動からの CO_2 排出削減率※2	%	8.6%	13.0%	16.0%	21.5%	23%	27.4%	◎	29%	34%
	新築住宅からの CO_2 排出削減率※3	%	21.3%	27.7%	36.1%	38.1%	39%	41.6%	◎	42%	43%
	「卒FIT」購入電力割合※4	%	―	―	―	―	1%	1%	○	6%	15%
人と自然の共生社会	持続可能な木材調達比率※5	%	92.7%	92.6%	91.9%	93.6%	95%	95.3%	○	95.5%	96%
	生態系に配慮した植栽※6	万本	1199	1306	1409	1502	1600	1611	○	1700	1900
資源循環社会	廃棄物比率（新築）※7	%	5.2%	5.6%	5.5%	5.5%	―	5.8%	―	5.5%	5.2%
	廃棄物リサイクル率（新築）※8	%	100%	100%	100%	100%	100%	100%	○	100%	100%
	廃棄物リサイクル率（アフター・リフォーム）※9	%	93.2%	94.0%	95.5%	94.9%	90%以上	94.3%	◎	90%以上	90%以上

（注）※1　請負・分譲住宅における ZEH 相当住宅の比率（北海道以外）
　　　※2　スコープ 1，2：2030年度に50%削減（2013年度比）
　　　　　 2019年10月にグループ会社となった株式会社鴻池組からの CO_2 排出量を含まない（現 SBT 目標のバウンダリーにて記載）.
　　　※3　スコープ 3・カテゴリ11：新築戸建住宅・低層賃貸住宅からの CO_2 排出量を2030年度に45%削減（2013年度比）
　　　　　 2019年10月にグループ会社となった株式会社鴻池組からの CO_2 排出量を含まない（現 SBT 目標のバウンダリーにて記載）.
　　　※4　事業活動使用電力における比率（2040年度50%・2050年度100%）
　　　※5　「木材調達ガイドライン」S および A ランクの木材比率
　　　※6　「5 本の樹」計画に基づく植栽累積本数
　　　※7　新築工業化住宅製品の生産原材料および資源投入量における廃棄物比率
　　　※8　新築工業化住宅製品の廃棄物リサイクル率
　　　※9　アフター・リフォーム工事などにおける廃棄物リサイクル率
（出所）積水ハウスホームページ「サステナビリティと ESG」〈https://www.sekisuihouse.co.jp/company/sustainable/〉, 2020年10月11日取得.

はなく公正な手続きによって厳選され調達されたことを実績で証明（トレーサビリティ：traceability）しているだけでなく，事業活動や販売後の居住生活で消費されたエネルギーから排出される CO_2 も目標以上に削減している．「5 本の樹」計画の進展から地域の緑化と多様な生態系保全にも貢献している．また，新築時の廃棄物もすべてリサイクルしていることを 5 年間のデータで公開，証明している．これらの環境対策の実績は，積水ハウスの企業理念の実践であり，社会に対する

公約の責任ある履行と言える.

　このような積水ハウスの CSR の実績は，2018年，ESG 投資の指標として世界的に有名な「Dow Jones Sustainability World Index（DJSI World）」の構成銘柄に 3 年連続で選定され，サステナビリティ格付け「Silver Class」にも選定されている. 2019年 2 月，RobecoSAM 社によるサステナビリティ格付「SAM Sustainability Award 2019」の Homebuilding 部門で「Silver Class」にも選定された. これらの格付け結果から積水ハウスが ESG 投資に力を入れる世界の金融機関の重要な投融資先になることは確実である.

〈付記〉

　本章の執筆に際して，株式会社良品計画様，積水ハウス株式会社様から資料の提供と貴重な助言を賜りましたことに深謝を申し上げます.

注

1 ）　株式会社良品計画ホームページ「トップメッセージ」〈https://ryohin-keikaku.jp/corporate/message.html〉，2020年10月 2 日取得.

2 ）　株式会社良品計画ホームページ「企業概要」〈https://ryohin-keikaku.jp/corporate/overview.html〉，2020年10月 2 日取得.

3 ）　株式会社良品計画『MUJI 無印良品』DNP アートコミュニケーションズ，2010年，132〜145頁.

4 ）　株式会社良品計画「100の良いこと」〈https://ryohin-keikaku.jp/csr/list/list_003.html〉，2020年10月 3 日取得.

5 ）　日経ベンチャー DVDBooks『自ら語る小倉昌男の経営哲学』日経 BP 社，2005年，58頁.

6 ）　積水ハウス「会社概要」〈https://www.sekisuihouse.co.jp/company/info/outline/〉，2020年 9 月18日取得.

7 ）　積水ハウス「サステナビリティレポート」〈https://www.sekisuihouse.co.jp/library/company/sustainable/download/2020/book/2020_25_28.pdf〉，2020年 9 月15日取得.

8 ）　積水ハウス「木材調達のガイドラインの改定と運用」〈https://www.sekisuihouse.co.jp/company/sustainable/environment/biodiversity/activity2/act_1/〉，2020 年 9 月10日取得.

第*10*章
IKEUCHI ORGANIC は何故熱烈ファンを獲得したか

　企業や企業に働く人は社会で活動する限り CSR は必然の事であり，ブームの
マーケッテイング用語にしてはいけないものである．CSR 担当者だけがすれば
いいものでもなく，会社の行動そのものが社会に根ざしていれば，弊社のような
中小零細でも熱烈ファンとともにライフスタイルが替わり社会も変わっていく一
助になるはずである．ファクトリーブランド21年の歴史について語らせていただ
くが，地方の中小企業でも CSR 企業として生まれ変われる歴史である．

　たった一枚のタオルであっても世界に繋がっており，モノづくりの意識を変え
れば世界も変えていけるはずである．弊社はタオルという昔ながらのモノを作っ
ているが，モノが最先端であろうがアートであろうがモノづくりの基本は変わら
ないと信じている．

1　モノづくりへのこだわり "最大限の安全と最小限の環境負荷"

(1)　バブル直後のタオル業界

　1990年代に入り，日本市場には発展途上国の低価格商品が津波のごとく押し寄
せ日本のモノづくりは衰退への道を歩んでいた．発展途上国からの攻勢は留まる
こともなく繊維業界は日本市場が世界のごみ捨て場と言われる惨状であった．欧
米を始め先進諸国では繊維輸入の数量制限がある中で，日本だけは完全な市場開
放をしており，繊維業界全体が大打撃を受けていた．タオル業界も例外ではなく
致命的な打撃を受け始めていたが，産地には意欲的経営者も多く存在し，中国，
ベトナムへ繊維セーフガードを申請しようと立ち上がるパワーが残っていた．繊
維セーフガードの申請の条件には産地構造改善策の提示が必須とされている．20
世紀から21世紀へ以降する時期，タオル業界が中国・ベトナムに対して繊維セー
フガードの提訴を申請した．これは 3 年間，輸入の伸張を前年比107％以内に押
さえてもらい，その間に業界が産地構造改革をするというものであったが，最終
的には認可実行されることはなかった．

　今，振り返ると北京まで打ち合わせに行くものの当時の政府は業界へのガス抜

き程度で実行の意欲はまるで感じられなかったが，四国タオル工業組合（現，今治タオル組合）には産地構造改善改革ビジョンが今は亡き藤原肇の先見性のある指導のもと出来上がっていた．その構造改善策の一例が1999年にスタートする IKEUCHI ORGANIC（2014年池内タオルから改名）のファクトリーブランドの提案で，OEM 体質の業界にとっては異例の挑戦である．

　1990年頃は今治産地を代表する大手タオル会社は中国への進出をすることが大きな潮流であった．

　同時期，大手の1社である吉井タオルの吉井久から誘いをいただき，協同組合を設立して先進的な染色整理工場 INTERWORKS の準備を進めていた．今治に腰を落ちつけ最高品質のタオルを開発するという大投資計画で，もう後には引けない決意をしていた．

　ただ当時は未だデザイナーズブランドの OEM 生産が大前提であり，商品差別化で有利な OEM ルートを確保しようという考えであり，ファクトリーブランド[1]という考えは生まれていなかった．

　タオルの流通の主要ルートは輸入指向で先が見えず，タオル外流通ルートへの転出を狙っていた時代である．弊社は既にデザイン CAD 化は完成しており，コンピュータ解析による織組織の開発では大きく先行しており，それをバックボーンにタオルハンカチのジャカード分野を切り拓き代表的なデザイナーブランドを30ほど任されるタオル会社になっていた．周りからは池内タオルハンカチ工業と揶揄されるほどであった．

　1999年に今治―広島のしまなみ海道の開通を前に，今治地区には県，市，組合等の地域産品即売場の開設が控え，タオルは出店のメイン商品であった．加えて，池内はタオル組合の販売責任者でもあり，池内タオルとしての出店も当然視される立場であった．当初は得意としているブランド物のタオルハンカチを買い戻しタオルハンカチショップを開く計画であったが，主力ブランドからは軒並み販売を断られ OEM の立場を思い知らされることとなった．

(2)　自社ブランドの設立

　産地ビジョン作成の中で何時か将来はと頭に思い描いていた自社ブランドの立ち上げの時期がやってきたのである．まだ，市場的には中小企業のメーカー・ブランドを受け入れる状況にないことは理解していたが義務感と興味で決意した．とりあえずは，今治の直売所だけの販売しか期待できない中でのブランド設立であった．売上は期待できなかった反面，結構な投資は必要だったので，投資する

以上はモノづくりにとっては理想形のタオルを市場に提案しようと考えた．

　基本コンセプトは自社の持つリソースを活かし，なおかつ，発展途上国の苦手とする分野にターゲットを絞り "最大限の安全と最小限の環境負荷" を実現する最高品質のタオルと決めていた．市場では例のない多色のカラー展開をするが，見た目のデザインは真似する意味がないくらい超シンプルな仕様とした．加えて，当時の流通ではやむを得ないと諦めていた，① 直接販売，② 現金取引，③ 永久定番商品という決意もしていた．販売額は期待出来ないが，心意気だけはモノづくりへの理想の条件をつけた．

　創業以来，こだわりは何であるか？　と聴かれれば，新物喰いと答えるのが社風．まずは業界において最初であることが何より大好きで他社がしたものには興味がないに尽きる．因みに織機を始めとするハードもソフトも初物しかないような会社である．とはいえ，決して浮気症ではなく，良い新物を見つけて永く育てる社風である．私の後ろにはこうしたことに燃える職人が控えている．ファクトリーブランドの展開も同様である．他社が手掛けてない分野に独自のコンセプトを構築し，常にアップデートして先端であり続ける．この思考は私が若い日にモノづくりのイロハを教わった松下電器産業（現パナソニック）の TECHNICS の南慎二郎に叩き込まれた商品企画が基礎にある．趣味商品のオーディオの考えを実用品のタオルに投入するのはいかがなものかと思われるだろうがタオルのような実用品を趣味のレベルまで拡げていく可能性を信じた挑戦である．

　1998年4月にまずは ISO14001 を業界と言うより天然繊維メーカーに先駆けて挑戦しようと決意した．当時，ホームページ上にメールアドレスを公開している関西の ISO コンサルタント30名弱に中小零細のタオル会社であるが業界に先駆けて ISO 申請したいので協力してほしいと呼びかけたところ鹿児島の ISO 支援社の篠田社長から最初に返事をいただき，現在まで永いご指導をいただいている．ISO14001，9001 は業界で最初，そして両規格を有する唯一のタオル製造会社として10年間維持し，その後は卒業宣言をし，現在まで自主運営している．弊社にとって ISO 規格はラベルが欲しいためでなく運営ノウハウを得るための手法である．

　ISO14001 の取得により知己であるデンマーク・ノボテックス社・故ノルガード社長より，ローインパクトダイ（安全で環境負荷の少ない染色）のノウハウを伝授しようと申し出を頂いた．ノボテックス社は1988年に世界で最初にオーガニックコットン製品を商品化した先駆者である．ノルガードは日本がまだエコマーク誕生でオーガニックコットンの誕生すら知らない頃にオーガニックのニット商品を

図10-1　1999年発表の第1作のオーガニック120. 今日現在，22年目のロングセラーであり IKEUCHI ORGANIC のド定番商品

（出所）筆者撮影.

発表した男である. 1996年にYグループ協同組合が有する染色整理工場 INTERWORKS の廃水浄化設備を見せろと突然乗り込んできたバイキングの末裔であり，散々と環境に関する知識がないとなぶられたが，何故か気がすっかりあい，その後は来日するたびに東京や大阪での飲み友達となり，池内のオーガニックへの目を大きくステップアップさせてくれた恩人である. 日本では何もしないのがオーガニックと信じていた時代にお客様が欲しがる色を安全に提供するのがメーカーの役目という視点が必要だと教えてもらった. ローインパクトダイを教示する際に，弊社に付けられた唯一の条件は使用するオーガニックコットンは EU 基準をクリアするものが必須であった. 当時，ノルガードが見る限り日本製のオーガニックコットンは疑問が残るというものであった. 1999年当時，日本国内でこの条件をクリアするものは KRUV 認定のペルーオーガニック綿であった.

　カラー展開で安全なオーガニックコットンのタオルは私が長年夢に描いたものであり自信たっぷりの商品展開だった. 後日，業界的には非常識と随分バッシングされたが，自分が作りたいものを自信を持って作れるのが自社ブランドの特権である. "日本で唯一の ISO14001 取得のタオル会社が作るオーガニック120" が1999年3月20日の第1回今治タオルフェアで顔出しをした. 染色しないのがオーガニックと言われる時代に染色されたカラーのオーガニック商品が登場したので

ある.

オーガニック120を今治でデビューさせた後,12月には東京ビックサイトの JAPAN クリエーションの四国タオル工業組合のブース内に池内タオルとしての単独ブースを設けて,一般デビュー,翌1月にはロサンゼルスのカルフォルニアギフトショーでアメリカ上陸と展開を始める.今では笑い話であるが,東京ビッグサイトの展示会ではタオル業界の流通からは随分,白眼視された.メーカーが自社ブランドを設立して発表するということはご法度の時代であった.が,何よりも同時期に同会場で第1回エコプロダクトショーが開催されており,これこそ,弊社コンセプトの展示会と確信し,翌年からは国内発表の主力にしていく.この事が,日本の先鋭的なエコマニアに出会う機会を得て,弊社のコンセプトが一段と成長を始めることになった.

(3) 環境方針

環境方針の第一には気持ちの良い品質がより永く維持できる商品が環境に最も優しいと決めており,原材料がオーガニックになればなお一層良しというスタンスである.オーガニックコットンによる環境負荷の直接的な貢献者は綿農家であり,次いで高価にもかかわらず購入するユーザーである.弊社はオーガニックを商売にしているだけである.優先すべきことは自社の生産販売活動で環境負荷を何処まで低減できるかが重要である.会社の環境負荷を客観的に調査し,毎年,どのように低減していくか計画を立てた.省エネ,ペーパーレス化,そしてオーガニック比率の拡大と地道な努力が全社でスタートした.因みに ISO14001 では当初の3年間は3%,6%,9%とオーガニック比率を拡大させる計画であった.直くに極めて無謀な計画とわかったが公表した計画であり,通常製品にオーガニックを使用して達成させるという悲惨な状況であった.今となれば嘘のような話だが公表したことは守るのが義務である.

2 会社方針と日常業務に矛盾のない経営

素晴らしい企業理念や CSR 目標は日常業務と整合性があって初めて命がふきこまれる.弊社は安全性の追求と環境負荷の低減を目標に掲げている以上,日常業務を近づけていく努力は自社ブランドや自社ブランドとのコラボ商品の拡充である.OEM 商品のコンセプトには安全性の追求や環境負荷の低減は必要とされていないのである.1999年オーガニック120でスタートしたファクトリーブラン

ドは販売構成比を上げながら，原材料のオーガニック比率も上げ2014年 3 月 1 日にオーガニック100％を達成したが，それまでに15年が必要であった．

　"最大限の安全と最小限の環境負荷" という先進的なメーカー・ブランドが生まれたものの，その商品の販売比率が 1 ％未満という状況では代表の趣味商品と揶揄されてもしかたがなかった．地道な商品説明会の積み重ねながら，東京に続きアメリカでも展示会を続けると同時に，WEB STORE・FACTORY STORE と挑戦を続けていった．消費者とのダイレクトな意見交換が大きな提案を弊社に投げかけてくれた．

- ISO14001 の環境マニュアルがあるのに何故 ISO9001 の品質マニュアルが無いのか？　環境を宣伝に利用しているのではないか？
- 代表 1 人が叫んでいるだけで従業員の意識はどうなのか？
- オーガニックを染色するとはオーガニックではない？
- いくら綺麗事を言っても，汚い電気で織っているではないか？

　ファクトリーブランド IKT（IKEUCHI TOWEL で始めたがアメリカでは発音できないと言われ2000年に改定）はモノづくりの理想形を実現するためのブランドなので，提案や疑問を投げかけられたものは，これでどうですかと提案者の想定を上回る回答が必要である．これが IKT のスタイルとして定着を始めたのでコンセプトは年々アップデートしている．2000年には ISO9001，2001年には赤ちゃんが舐めても安全というエコテックス・スタンダード100クラス 1 の認定をオーガニック120が国内で初めてタオルとして認定，2002年には全使用電力を風力発電に変更し100％グリーン電力化等々．

　こうした企業活動とは別に社員一人ひとりが環境個人目標を設定公開し，各個人が自己評価する個人の環境目標は意識づけからみると大変効果があった．因みに代表の初年度の個人環境目標は，① ペットボトルは年10本，② 出張時は使い捨ての洗面用具は使わない，③ 商品購入するときは環境負荷をチェックするであった．日常生活で環境を意識して生活するライフスタイルを会社として推進していく．今では会社内ではペットボトルを飲む風景は無くなったし，代表は以後，車は通常ガソリン車に乗ることのない生活である．

　2000年に小さいがファクトリーストアを開店したことも社内に大きな変化をもたらした．多くはないが，愛媛に来たから寄りましたと全国からユーザーの方々が訪問するようになり IKT って本当に熱烈ファンがいるんだなと社員たちが感じ始めたのである．会社やブランドの価値はいくら代表が述べても説得力は少な

図10-2　IKEUCHI ORGANIC は食布として安全レベルを
　　　　一段とギアチェンジ
（出所）社内広報誌より.

いが部外者が語ってくれるとその説得力は100倍の力を持つ．そして社員にはプ
ライドが育まれ自覚が高まった．

　商品構成においても IKT 比率が日々増え続けると従来の OEM との共存は大
変居心地が悪いだけでなく，新たな得意先が商品を選んでいくようになる．単な
る OEM は姿を消し，IKT のコンセプトを理解していただいた上でのコラボあ
るいはコラボ的提案商品と変貌していった．

　創業60周年を迎えた2013年，次の60周年を考えてブランドの再構築を行った．
当時，弊社商品は池内タオル，IKT，風で織るタオルと呼ばれ，更には新たに地
域ブランドとして知名度を上げてきた今治タオルとの混同がおこる状況があった．

　このブランドの再構築はナガオカケンメイにお願いし，最終的な提案は
IKEUCHI ORGANIC であった．

　弊社の提案するオーガニックは何処とも違っており池内式オーガニックである
という意味であった．これはあくまでもブランド提案であったが直感的に社名も
変えようと判断し，一気にコンセプトが集約された．社名にオーガニックが入っ
た以上，オーガニック以外は創りませんという固い意思表示である．この時点で
ネームタグもオーガニックに変更した．知名度の上がっていた今治タオルのネーム
は素材の関係でつけることを辞めた．又，タオルを外すことで今後はタオル以外
のオーガニックであらゆるファブリックを提案しますという意思表示でもあった．

　社名の変更で会社の進むべき形は明確になり，益々，先鋭化するブランドコン

セプトがファンを獲得し大きな変化をもたらしていく．社名変更は NY での新製品発表会の関係で2014年2月に先行して行った．披露パーテイーで池内タオルは60年かけて全製品を赤ちゃんが舐めても大丈夫な安全性を確保したので，次の60年で IKEUCHI ORGANIC は赤ちゃんが食べれるタオルを創りますと半ばジョークで挨拶したが，何故かそれが新社名のメッセージとして国内の発表で正式披露となった．"2073年（創業120周年）までに赤ちゃんが食べれるタオルを創ります"が次の世代へのメッセージである．会社の掲げるメッセージと日常業務との誤差が縮まるとスムーズに組織に浸透を始めていくのである．

3 オーガニックな会社を作りましょう

(1) タオルを食品として見直す

　食べれるタオルを作り上げるには，まずはタオルを食品として見直せばどうなるかという発案で会社を食品工場の ISO22000 で管理しようと行動を開始した．最初の難関は認定機関にタオルは食品であるということを理解してもらうことから始まったが，赤ちゃんは常に口に入れているでしょうと主張を続け，食品工場としての ISO 認定を受けるという前代未聞の挑戦が始まり2015年12月には無事，認定書がおりた．これで HCCAP に準じて作られたタオルが生まれ，食べれるタオルの第一歩が具体的に踏み始めた．

(2) タオルのトレーサビリテイを公表する

　2015年12月 ISO2200 取得後，全生産品のロット管理を綿の原産地から商品出荷までの生産加工データを3年間蓄積し，2019年より新製品のすべて，2020年からは概ね全製品のトレーサビリティの公表を実施している．新商品に添付したQR コードをスマホで読み込むと，種からタオルまでの生産工程が読み取れる．綿畑，紡績，糸加工，製織，染色整理，縫製，検品等の生産工程のブラックボックスを極力少なくする努力を続けており，2020年現在，少しは食べ物に近づいているなと実感している．

(3) イケウチの人からイケウチな人，イケウチな企業と拡がる共感の輪

　職人や社員一人ひとりはこんな気持でタオルを作っていますとホームページで始めたイケウチの人．今では年に一度のオープンハウス（8時間に渡る大工場見学会）は全国から熱烈マニアが職人に会いに集まる一大イベントになっている．弊

社ではオープンに出来るものは何でもオープンにする方針である．オープンにすることで私達の姿勢も明確になるし，改善すべき部分も指摘してくれる．情報の開示無くして情報は入ってこない．イケウチな人やイケウチな企業は IKEUCHI ORGANIC を十分理解してくれて活躍しているシェフ，ヘアーデザイナー，ホテルマン，レストラン等の方々の思いやこだわりを情報発信して共感の輪を拡げている．

(4)　気がつくとファンが社員になっている

　地方の衰退産業の中小企業でありながら，先鋭化したモノづくりの姿勢がファンを生み，ファンが弊社への転職を希望し，U ターン，I ターンの比率が大変多く，人材の多彩さ，年齢層の若さでは異例の企業となっている．ファンが社員になることでモノづくりの目はさらにレベルを上げている．数十名の小さい会社のモノづくりは企業活動そのものが CSR 活動であると呼ばれるが，企業方針と日常活動に矛盾の少ない組織体になってきていると感じている．

(5)　次の世代のモノづくりの若者を育てたい

　数年前の高校生の SDGs の会合で女の子がケーキ屋さんになりたいのはモノづくりの現場はケーキ屋さんくらいしか見せてくれないからです，と言われ，初めて気がついたのだが，地元の若い世代にモノづくりの面白さを伝えていないと反省し，小学生から大学生まで希望があれば出来る限り全面的にインターンシップや説明会を受け入れている．愛媛県では UNDER 15 ジョブチャレンジという制度があり，中学 2 年生が自分の興味のある職種を 1 週間経験する．モノづくりに興味のある学生は想像以上に多いが受け入れる企業が極めて少ないという．一枚のタオルが種からタオルになるまでの工程を説明することにより，どのような些細なものも地球や世界と関係していることが実感できるようになる．7〜8 年するとこの子達が地元へ戻り，地方再生の一助になると信じている．職種に関わらず，会社を公開しないで若者に来てほしいと言ってもそれは無理な話だとわかった．

(6)　SDGs 12 つくる責任つかう責任

　弊社はモノづくり企業なので SDGs 12 に的を絞って行動している．つくる責任の分野に特化して原材料から商品までの全行程を公表して恥ずかしくないモノづくり企業に成長できれば結果として①の貧困をなくそうから⑰のパートナーシップで目標を達成しようまで解決できると確信している．

図10-3　ファンと職人が集うオープンハウス
（出所）社内広報誌.

　毎日，何となく使っている1枚のタオルですら世界に繋がっており，意識が変われば世界が見える，そして，いずれは世界も替えていける力があると確信している.

注
　1）　OEMとは相手先デザインで生産委託のみを行うもので，ファクトリーブランドは自社企画・デザインで生産販売をすることである.

第11章
リゲッタの経営理念「楽しく歩く人をふやす」はなぜ生まれたか

　株式会社リゲッタは，大阪市生野区にある靴メーカーである．前身となるタカモトゴム工業所は，私の父である高本成雄が母と2人で1968年に開業．当時は下請けとして履物製造を営む小さな町工場だったが，現在では平均売上15〜20億の規模にまで成長した．

　私は跡継ぎとして19歳から靴業界に入り，4年間の靴作り修行を終えた後に家業に戻り，番頭業を10年務めた後，2011年35歳の時に代表取締役に就任．それから早10年．家族5人だけでの経営が，気づいた頃には100人のスタッフと共に働くことになっていた．

　弊社を代表する商品として，「Re: getA（リゲッタ）」という履き物がある．現在の社名もこの商品から付けたものだ．

　私が開発したこのリゲッタは，中敷が足裏のカーブ形状に沿いやすく，尚且つ弾力ある素材を使用しているので，履いた瞬間から快適さを感じられるよう設計されている．歩行時はテコの原理で足が前に進む靴底形状になっており，独特の歩行感で足が自然と前に進む楽しさを体感出来る．

　リゲッタという名前の由来は「下駄【getA】をもう一度【Re:】」．古くからある日本の伝統履物を現代風にアレンジしているのが特徴だ．2005年の発表から，これまでの15年間で累積生産数は800万足を超える．

　弊社のビジネスモデルの面白いところは，小さなサプライチェーンを持っている点だ．靴やサンダルの企画・開発から製造まで一貫して可能で，自前のロジスティック機能を活用しながら，通販会社・アパレル・スポーツ用品店・雑貨店・靴小売店などへのBtoB事業を主としつつ，直営事業ではイーコマース・店舗販売とメーカー直営にしか出来ないD2C事業も行っている．

　家族経営時代は部署などなかったが，現在は10の部署がある会社になっている．まだアナログな部分が多く，これら10部署が協力し合わなければ，情報伝達や営業活動がうまく機能せず，円滑に仕事が進まないという難しさがこの会社にはあるが，そのおかげでスタッフには常に気づきがあり，新たなチャレンジが促されるような対話の起きやすい設計になっている．

図11‐1‐1　R302　　　　　　　　図11‐1‐2　CJBF5138
（出所）リゲッタ社資料より．　　　　　（出所）Regetta Canoe 公式 HP より．

　コミュニケーション不足が原因で部署間の揉め事が起きることもあるが，トップダウンで社内の障害を無くすのではなく，スタッフ間で徹底的に話し合うことを大切にしている．

　代表になってからの10年間は，毎年一泊二日の合宿を開催し，スタッフと互いの理解を深められるように心掛けてきた．長年対話を繰り返したり，各々の在籍年数が長くなるにつれ，会社や働き方へのスタッフの理解度が増し，個人の成長や環境に変化が起こり始めた．徐々にだが言いたいこと，やりたいことをはっきり言えるスタッフが増えてきたように感じる．

　かつての家族経営の雰囲気にどこか似てきているような感覚もあるが，血の繋がりという選択しようのない関係性ではなく，昔とは少し違い，理念や在り方で繋がっていると感じるようになってきている．

　代表取締役である私の一番の顧客はスタッフだと考えている．何かの縁でこの会社を選び，共に仕事をしてくれている彼ら・彼女らは，私の人生においてとても大切な存在である．リゲッタの靴づくりを通じて，スタッフが自らの人生に興味を持ち，理解を深め，そしてその想いを仕事の中で表現していく．そんな姿が周囲に波及していくことが私の楽しみでもある．今日まで諦めずに経営を続けられているのは，私自身が1人の観客としてスタッフの成長を見せてもらっているからかもしれない．これは決して道楽ではなく，彼らの成長を見てワクワク出来ることが，経営者としての新たな発見や刺激になっている．

　余談ではあるが，弊社には毎月数組の経営者や学生が会社見学に来てくれる．社内の壁には隙間がない程に手書きの掲示物が飾られており，見学を終えたお客様のほとんどは「懐かしい感じがして元気をもらえる」と言ってくれる．社外の

図11-2-1　社内イラスト1
（出所）株式会社リゲッタ公式HPより.

図11-2-2　社内イラスト2
（出所）株式会社リゲッタ公式HPより.

方に見られることを当初は恥ずかしく思っていたが，このアナログ感に見学者の心が動いたことは私にとって驚きだった.

　お洒落なカフェのようにしたいという願望を持っているものの，どうしても落ち着きなく見栄えが悪くなってしまうのが弊社らしさなのかもしれない.

1　靴製造業の原点を見直して「株式会社リゲッタ」へ

靴の海外生産が加速したのは1995年の阪神大震災の影響が大きい. 震災によっ

て神戸・長田の靴生産が完全に停止したことで，靴売り場に並べる商材が枯渇，それをきっかけに中国の安価な商品が日本市場に流れ込み，売り場を占領してしまった．結果として，その後の靴生産の大半が中国に移っていき，日本の靴製造業は衰退の方向に向かっていったとされている．

その後，生野区の靴メーカーも続けて海外生産へ切り替えていったことで，生野の靴職人にも，仕事が行き届かない状況が増え始める．下請け業をしていた弊社も，親元メーカーが全ての生産を中国にシフトした煽りを受け，一時は仕事が完全になくなり，窮地に陥ったことがある．

このまま廃業するか？　それとも新たな道を模索するか？　どちらの道を選んでも困難が待ち受ける岐路に立った結果，私と父は，下請けよりも挑戦レベルが一段高い，「メーカーで再出発する」という決断をする．しかし，新参者ということでなかなか受注が取れず，商品を作ってくれる職人も減っていく中で，タカモトゴム工業所も日本製を捨てて海外製に切り替えるか？　と判断に悩むことがあった．しかし，父と話し合い，「どうせ先が見えないなら困っている職人を助けるためにもっと日本製を増やすことを目指そう」という結論に至る．

生野区の靴生産方式は，他の靴産地と比べると少し変わっている．大きな工場で最初から最後まで製品を仕上げるのではなく，裁断は裁断を専門とする職人に依頼し，ミシンはミシン専門の職人，素材の貼り合せも，底付けも……と，生野区に点在する職人達が紡いだパーツを，軽トラックでバトンリレーしながら完成系に近づけていき，最終工程を終えたら自社で検品して出荷するという流れになっている．たとえると街全体が工場になっているといった具合で，生産工程のスタートである裁断機の音がしている間は常に仕事がある状態だ．当時は「この音を止めてはいけない」という必死の想いで靴のデザインや営業活動をしていた．

「裕福でなくてもいい．周りの人も含めて安心してご飯を食べられるようになりたい」という気持ちがいつもどこかにあり，同時に，「いつかは儲けたい」という欲求と「儲かった先に何をしたいか」というビジョンを，この頃から考え続けていた．「1人だけが儲かるのではなく，関係している人達も一緒にそうありたい」．仕事がないときの辛い気持ちは誰もが同じだと理解していたからこそ，このような考えを持っていたのだと思う．

苦労が続いたが，2005年の「リゲッタ」発表以降は新規の卸先も徐々に増え，受注もまとまりだし，たくさんの職人に仕事を依頼出来るようになっていた．

珍しいことが起き始めたのは2010年以降のこと．今までライバル関係にあった生野区の他のメーカーが我が社に仕事を求めに来ることが増え始めたのだ．ライ

バルと言えども，助けを求められるのであればそのメーカーに仕事を出せるよう新たなデザインをして営業に走り回ろうと，一時は最大7社のために日本中を駆け巡っていた．ハードワークで満身創痍の中，そのような仕事を続けたおかげで，会社の数字が大きく変わり始める．

　2001年にメーカーとして出発する時の目標売上は3億円に設定していたが，立ち上げ当初は売上0円であったことから，周囲からは「3億円など不可能」と言われていた．しかし，「助けを求める人がいれば助ける」という浪花節が力になったのか，毎年大幅に受注量が増えていき，気がつけば2012年には，年商10億円を超えることになる．

　この良い機会を，瞬間的なものではなく長く続けていく為には，外部から広くスタッフを募集し，同族経営から脱却して会社を安定した器に変えなければいけない．そう考えてはいたが，組織で仕事をするという経験をしたことが一度もない私にとって，それは簡単な事ではなかった．

　共に働いてくれるスタッフの気持ちをなかなか理解出来なかった私が選んだ施策は，社長もスタッフも誰もしたことがないことに全員で取り組むというものだった．それは新規開発や市場開拓などのソフト面ではなく，もっと本質的なハード面に取り組む，「経営理念を共に作る」かなり難度の高いアクティビティだった．

　弊社で働いてくれているスタッフは素直で真面目な人材ばかりなのに，「我々は何のために共に仕事をするのか？」を設定出来ていないことに自責の念があった．だからこそ，その「的」を全員で話し合い，納得感を持って完成させたかったのだ．時間もコストもかかる壮大な取り組みだったが，会社に深く関わりたいと想ってくれている12人のコアメンバーと共に，理念作成を手探りで始めた．

　完成までは全員で調べ学習をしたり，過去の会社の歴史を共有したり，10年先の未来を想像したり，想いを語り合ったり．時にはパートを含む全スタッフにヒアリングやアンケートを実施．そして2014年，10カ月かけて完成した初めての経営理念は「あしもとから世界に喜びと感動を」．完成した時に気づいたことは，プロセスを経て仕上がった成果物はとても誇らしいと感じられること，そして誰もやったことがないことに皆で取り組むことは，チームビルディングを進める上でとても大切だということだった．

　皆で話し合って出来た理念を一旦完成とし，この後は運用期間に入る．3年間実際にこの経営理念を的として使ってみた結果，残念ながら「使いづらかった」という声が挙がってきた．実は私も同様の想いは感じており，その後5カ月かけて作り直した新しい経営理念が，現在の「楽しく歩く人をふやす」である．過去

の理念を日常で使ってきて感じたことを話し合い，凝縮してアップデートされた，胸を張れる良い理念だと自負している．

　リゲッタという製品の機能性で，楽しく歩けるようになって欲しいというプロダクトの一面もあるが，「人生を楽しく歩く」というメタファーも含まれており，「その仕事をすることで楽しく歩ける人は増えるか？　そして自分も楽しく歩けているか？」と立ち返ることが出来る．改定時には理念を両サイドから補足するマニフェストと原則も作成した．

　マニフェストには，我々が失敗しながらも挫けずにチャレンジしている姿に対して，たくさんの方の心が動いてくれれば，また，我々がそんな存在になれればという想いが込められている．マニフェスト後半には「もやもやすることに正面から向き合いチャレンジし，楽しむことを約束します」という一文がある．弊社は一般的にはネガティブに捉えられる「もやもや」という言葉に大きなこだわりを持っている．もやもやの正体はジレンマで，2つのうちどちらを選んでも難しい問題や課題がある．そのジレンマを誰かに決めてもらえると人生は楽にはなるが，「その選択肢のどちらを自分の意思で選ぶか？」が自分を強くすると考えている．人生を何の苦労もなく楽に生きられる人はごく少数だろう．何らかの苦しみや辛さは人生には必ずある．だからこそ自分の意思で道を切り開き，楽しく歩いていく．仕事や生活，その中で人生の歩き方も学べるようなコミュニティで在りたいと思うと同時に「働いてくれる人達が経営者にコントロールされて，人生を棒に振るようなことがない会社にする」これは私が経営していく中での大きなポリシーであり，理念・マニフェスト・原則の三本柱が出来たことが，私にとって同族経営から脱却した株式会社リゲッタのスタートだと考えている．

2　地域社会と靴職人を大切にする経営

　私の生まれ育った大阪市生野区は，端的に言うと「いろんなことが入り混じってガチャガチャしている街」だ．在日韓国人を中心とした外国籍の方も多く，外国人居住率が全国で第2位という珍しい地域性から，「排他的ではなく，多様性を認められる開かれた街」とも言える．

　実は私も以前は在日韓国人の1人だった．現在は帰化して日本国籍を持っているが，日本に生まれながらも違う国籍を持っていること，にもかかわらず韓国語は一言も話せないことに自身のアイデンティティがわからず悩んだ時期もあった．しかし，そのおかげで差別心を持たずに育つことが出来，また，海外販売が活発

になったことで世界中にビジネスパートナーが増え，現在では国籍に執着することは全くなくなった．

　立場が変化し，現在は地域社会を考える機会が昔より随分増えたが，私にも生野区という地域を愛せない時期があった．青年期に感じたことは，野蛮な雰囲気が街に溢れていたこと，社会に出てからは靴作りをする職人達から危機感や向上心が見えなかったことがその理由だ．

　生野区の靴作り産業は設備も整っておらず，職人の技術も他の靴産地に比べて高くはない．職人の技術向上を最優先にすべきだったのかもしれないが，高齢の職人達に新しいチャレンジを強要することは，当時の私には出来なかった．

　生野区の職人は，スピードある仕事や量産をすることを得意としており，そのおかげで手早く安価に製品を仕上げることは出来るが，品質に関するこだわりはなく，工程の少ないシンプルな製品しか作ることが出来なかった．私が「もっとデザイン性が高く，品質の良いものを作りたい」という気持ちを強く持っていたこともあり，当時は向上心の低い職人達をどうしても好きになれなかったのだが，そこに愚痴を言い続けることをやめ，「スピードがあって量産が得意」という職人の強みを消さないように，デザイン性と機能性に重点を置いたプロダクトの開発を進めてきた．たとえるならば，料理人の腕はそのままで食材と器と盛り付けを変えるようなイメージだ．職人の技術を変えることなく，デザイン性と機能性を向上させ，品質不良が出にくい構造を実現．設計の難度が高い分，イニシャルにかかる時間は長くなるが，ランニングにかかる時間は従来通りの職人のスピード感を活かす事が出来た．

　職人・技術の手を変えないという制約があったおかげで，私にしか出来ないデザインマインドが発揮された．簡単ではなかったが，この地のおかげでリゲッタは生まれ，私の才能が開花したことは事実だ．

　そして，リゲッタの認知が拡がると共に，職人達が「恥ずかしい物は作れない」と意識が変わり，品質も日々向上するようになった．道は1つだけではなく，時には回り道をすることで様々な変化が生み出されるとわかった．気づけば私はこの街に活かされていたのだ．街のルーツが私の今を活かすことに繋がっていると気づかされたことは，私にとってとても大きなことだった．だからこそ活気がなくなっているこの街をもっと元気にして，自分なりの恩返しをしたいと考えている．

　生野区を活発な街にするために，弊社は様々な活動をしている．生野区役所が区の企業に提案したネーミングライツを活用し，「生野区民ホール」が「リゲッ

タ IKUNO ホール」に改名された．その流れを汲んで2019年３月，生野区役所とリゲッタ社は，包括連携協定を正式に締結．地域の活性化のために区役所と力を合わせ，生野区各地でワークショップを開催したり，区役所で行われるシンポジウムに登壇したり，キャリア講師として地元の小学校や中学校で，ものづくりや働くことをテーマにした授業をしたり．「リゲッタ生野区ラグビーフェスティバル」や，「リゲッタ巽 KAPPO」など，生野区で行われるイベントにも協賛している．

　生野区の今後の課題だが，この数年間で８校の小学校が閉校する予定だ．大阪市内の区であるにも関わらず，６学年合わせて生徒が80人を切るような小学校もある．学校再編が始まり，学校跡地の再利用に区は困窮している．その助けになるのであれば，リゲッタ社の社屋ごと閉校になった小学校へ引っ越して，地域の守り人になれればと考えている．

　弊社の経営理念を補足する原則には，地域やコミュニティについて触れられている項目があるので，抜粋して紹介したい．

　【原則１】　私たちは会社を中心に，取引先・協力工場・近隣地域，そしてお客様も，ひとつのコミュニティとして関わりを持ち関係性を作っていかなくてはなりません．

　【原則２】　私たちはより良い関係を築くために，不正をせずに公正で誠実な仕事をします．また，コミュニティ全体にとって必要な情報をオープンにして，説明責任を果たさなければなりません．

　【原則５】　どんなお客様も，世界にたった一人しかいない人間として尊重されなければなりません．お客様と私たちとの関係性は，人種や国籍，性別や生まれついた社会的な背景，宗教や信条，または何らかの障害を持っているかどうかによって左右されるものであってはなりません．

　これからも，リゲッタを国内外へと拡げていきたいとの想いもあるが，まずは地域社会で共に生活していく人達を大切にしたいと考えている．それは昔も今も変わらない．生野区はとても小さな地域だ．そんな場所が世界的に有名な地域になれたら……と考えると，私はロマンを感じてしまう．生野区をきっかけに大阪が盛り上がり，日本も盛り上がり，果ては世界へと伝わっていく．壮大なことを言っているようだが可能性は決してゼロではない．

　少子高齢化・空き家問題・学校再編など，様々な問題や課題が詰まった街であることは間違いないが，これらの問題は生野区に限ったものでもない．この街を

より良くしていければ，日本を代表するモデルタウンになれる可能性もある．た
くさんの国の人が安心して住めて，共に汗をかけるような地域にいつかなれれば，
生野区は日本や世界でも必要な街になれる潜在能力があると信じている．

3　夢，世界の「生野」を目指す

　靴製造以外にも，生野区にはものづくり企業が多数存在する．その企業が集
まって，情報交換をしやすくするために「生野ものづくりセッション」というイ
ベントが2カ月に一度開催されている．そこには零細企業も中小企業も関係なく
集まり，互いの近況を語り合ったり，事業のプレゼンなどを行ったり，各々では
出来ないことを相談しあってものづくりを進める「人と人が繋がる自然なビジネ
スマッチング」が生まれている．一社一社では規模も小さく，販路も持っていな
いというような，完成品を作り上げるまでが難しい企業が多いが，そんな小さな
企業が集まり，協力して，いつかは街全体でものづくりをして発表していく．私
はそのような場を作りたいと考えている．
　製造業が活発な街はどうなるか？　という想像を膨らませると，働く人が増え
る，体を使う人が増える，食事処が賑わう，銭湯が賑わう……．結果的に，各々
の役割が活性化し，関係する人がどんどん増えていく．時代と逆行しているとわ
かっているが，そんな地域が日本に根強く残っていてもいいと私は思う．
　生野区という下町が今後，大都会になったり，有名な観光地になる可能性は低
いと思うが，コアな人が集まる，ものづくりパワースポットになれる可能性は大
いにある．まずは「自分が在籍している街から未来がワクワクするような変化
を」．そんな風に地域社会を考えるようになってきた，まだ若い経営者である私
の，次の目標の1つにこれを掲げたい．

　冒頭で述べた通り，我が社の廊下の壁には手描きのメモやイラストが所狭しと
貼られているが，その中に今後10年のビジョンが描かれた，「フューチャーマッ
プ」というイラストがある．経営理念を共に作ったスタッフが「これからの10年
で起きると思うこと」を描いたものだが，最初に描き始めた頃は想像出来る範囲
のものが多く，その中でも勇気を出して描いたものは，実現出来るかどうか不安
なものばかりだった．しかし5年経って見返してみると，不思議なことに大抵の
ことは実現出来ていることに気づく．実現出来れば出来るほど，自信がつき，新
しいビジョンが増えていき，かつては諦めていたことや無理だと思っていたこと

が再び浮かび上がってくる．

　新しいビジョンの中には，世界地図や地球儀にちなんだイラストが増えてきている．これは，良いものを作っている，胸を張れるものを作っている，だからもっと世界中に知ってもらいたいというスタッフの気持ちである事は想像に難くない．

　数年前，とある海外メーカーから日本で生産しているリゲッタを全て中国で作らせて欲しいというオファーがあった．私個人としては，多額のロイヤリティーが入る有り難いお話だったが，悩むことなくお断りさせていただいた．かつては生活を安定させるための資金が欲しくて仕方がなかった私だが，職人やスタッフと仕事を進めていく中で，私が望んでいるのはお金ではないと答えが出ている．私が人生において渇望しているのは理念に近づくための変化とプロセスである．ロイヤリティーは確かに魅力的だったが，それを選ぶことで今後の私やスタッフ，協力してくれる職人達の活躍の場がなくなってしまうことの方が残りの人生において後悔することになるとわかっていた．

　結果，オファーをいただいた海外メーカーには，製造の一部を担ってもらうパートナーになってもらったが，その際に私の考案したリゲッタの大事にしているポイントや理念をメッセージにしてお送りしている．本質を理解した上で製造の協力をしてもらいたいという考えがあってのことだったが，英語が大の苦手な私が選んだコミュニケーションの方法は，想いを絵本にして送るというものだった．

　言葉が伝わらなくても，作り手の想いを込めた手描きの絵本のおかげで，弊社の大事にしている心は伝わったと思っている．

　かつては価格が安いという点においてだけが海外生産のメリットだったが，現在は日本では出来ないような新たな技術開発も，熱心な研究も進んでいる．世界を知ることで，生野区の工場だけではなく，世界中の工場でリゲッタを作りたいと考えるようになってきている．

　リゲッタをより有名にし，必要とされることが大事だが，世界中の靴工場が「リゲッタの仕事が我が工場にも回ってきた！」と思ってもらえれば最高だ．その上でリゲッタというブランドに興味を持ってもらえて，様々な国の方が本場生野区に工場見学やワークショップを楽しみに来てくれれば……．それをきっかけにこの街に興味を持ってもらえ，雰囲気や居心地の良さを気に入り，そのまま住んでみたい街になってくれれば……と想像を続けている．

　「想い描く」という言葉は素晴らしいものだと感じている．なぜなら私は，人間は想い描けたことしか実現しないと信じているからだ．自ら自分の地図に目標

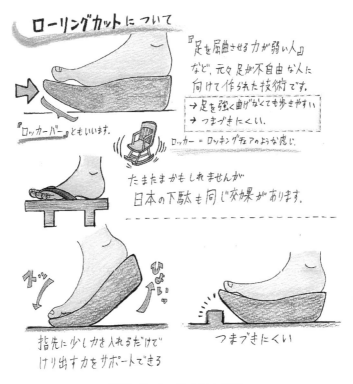

図11-3-1　絵本日本語版

（出所）高本泰朗「リゲッタのすべて」より.

地を記すことが大事で，描くことが出来たのであれば後は迷いなくその方向に向かうだけだからだ．自分のやりたいことをやりきれば，それが結果的に誰かの役に立っていたり，勇気を与えたり，助けていたりとたくさんの成果が生まれる．

　スタッフが理念・原則・マニフェストに通じたビジョンを描けるのであれば，いつかきっとこの会社は世界に必要とされる会社になるだろう.

　「楽しく歩く人をふやす」全ての人々を楽しく歩く人にするのは弊社の力だけでは不可能だが，この会社の製品，活動や考え方によって楽しさを感じてもらえる人が1人でも多く増え，その想いが波及すればするほど人生を楽しく歩く人は増える．私はそう信じている.

　経営理念が出来たことは，私の人生に大きな影響を与えてくれた．経営者となった今でも道に迷うことは度々あるが，迷った時に頰を叩いてくれ，進むべき道に戻るように気づかせてくれるのが理念だと思っている.

図11-3-2　絵本英語版

（出所）高本泰朗「リゲッタのすべて」英語版.「All about Re:getA」より.

　「楽」は決して幸せの本質ではない．楽の先に人間としての成長はないと考えている．時には理念に支えてもらいながら，まずは自分の力で立つ．自立してこそ楽しく歩くことが出来る．

　理念はいつも，そんな私に問いかけをしてくれる厳しくも優しい存在である．

　理念ある CSR，理念ある SDGs，そのような想いを持っている企業が一社でも多く増えることを祈って．

第*12*章
日本の大学生がなぜネパールの子ども達を支援するのか
——ソーシャルビジネスの実践教育とSDGs人材の育成——

は じ め に

　現在，世界的に注目されている SDGs（Sustainable Development Goals: 持続可能な開発目標），現代社会が直面している環境や政治，経済等の分野における喫緊の課題に対し，2030年を年限として世界全体で取り組むべき普遍的な目標として2015年9月の国連サミットで採択されたものである．この SDGs は17の目標（Goal）と169のターゲット（Target）で構成されており，「誰一人として残さない（No one left behind）」という理念の下，各国政府や各種団体が協力しながらその実現に向けた取り組みを進めている．

　日本でも政府のみならず，企業や自治体，NGO や NPO，大学などが SDGs の重要性を声高に叫び，全国各地で議論が展開されている．しかし，SDGs を実現するには，議論だけでなく具体的な行動（実践）が必要である．「持続可能な社会（Sustainable Society）」を実現するには，そのような社会の姿（＝到達目標（Goal））を明示し，多様な課題を解決する「仕組み」を考え，課題解決に向けた「具体的な行動（実践）」に取り組んで行く必要があるからである．同時に，そのような「仕組み」を考え，「具体的な行動」を起こすことのできる人材を育成することも不可欠であろう．

　本章では，「子ども達の教育環境の改善」という視点から途上国の貧困問題の解決を目指すソーシャルビジネスの「仕組み」を考え，「具体的な実践」に取り組んでいる大学生（ゼミナール）の活動を紹介する．紹介する事例は，SDGs の目標1（貧困：貧困をなくそう）と目標4（教育：質の高い教育をみんなに）に直結しており，SDGs 実現に向けた人材育成という視点でも注目すべきである．

1　多様な社会的課題とソーシャルビジネス

(1)　社会的課題とその解決の担い手

　現代社会には自然環境破壊や少子高齢化，限界集落や社会的格差，さらには待機児童や食品ロスの問題等，多種多様な「社会的課題（Social Issues）」が存在している．このような課題を解決するのは，政府や自治体といった「行政」の役割と考えられているが，現代の社会的課題は多様化・複雑化・個別化が進んでおり，行政機関による対応だけでは解決が困難になっている．政府や自治体のような行政機関は，その財源を「税金」に頼っているため，提供できる行政サービスは平等性・公平性の原理に基づいたものに限定される．その結果，複雑で多様な課題全てに対応することは困難となり，特にニーズ（利用者）の少ないサービスは切り捨てられることになる．

　そのような「行政が対応できない課題」の領域で活躍する組織として，各種ボランティア団体や NPO・NGO といった非営利組織がある．これら非営利組織は，独自の「ミッション（社会的使命）」に基づいて活動しているため，たとえニーズ（利用者）が少なくともサービス提供が可能である．しかし，環境保全や動物保護の活動，社会的弱者を対象としたサービス提供など，利用者から代金（費用）を徴収できない場合も多い．その結果，活動の財源を寄付金や助成金に依存する事が多く，安定的・継続的なサービス提供という面では色々な課題がある．

　そのような中，多様な社会的課題を「ビジネス」によって解決していく組織として「社会的企業（Social Enterprise）」が注目されている．社会的企業は，多種多様な社会的課題を「ビジネス」，すなわち「利益をあげる仕組み」を活用して解決する事業体である．その事業活動は「ソーシャルビジネス」とも呼ばれており，多様化・複雑化した社会的課題を「ニーズ」として捉え，そのニーズに対応した新たな商品（製品やサービス）を提供することで解決する活動として注目されている．

　企業（営利企業）が展開する「ビジネス」も人々のニーズに焦点を当て，収益事業を行っているが，その「ビジネス」の目的は「利益の追求」である．社会的企業が取り組む「ソーシャルビジネス」も，同じく収益事業を展開しているが，その目的は「社会的課題の解決」であり，その目的達成の手段として「利益」が活用されている．目的としての「利益」と手段としての「利益」．同じ「利益」ではあるが，その意味は大きく異なっているのである．

⑵ SDGs とソーシャルビジネス

　先述のように SDGs とは，全世界が直面する多種多様な「社会的課題」に対する解決目標のことである．その実現に向けた取り組みは，各国政府や自治体，営利企業や NPO・NGO，さらには各種教育機関など，多様な組織・団体で進められているが，そのような取り組みをより効率的・継続的に推進する主体として，筆者は「ソーシャルビジネス」に注目している．

　ソーシャルビジネスは，その目的自体が「社会的課題の解決」であり，SDGs と親和性が高い．また，「ビジネス」の仕組みを活用して事業活動を展開しているため，行政機関や非営利組織のもつ限界性（平等性・公平性や安定性・継続性）も克服できる．このような特徴を持つソーシャルビジネスは，SDGs 達成の重要な担い手になる可能性があり，「持続可能な社会の実現」という点からも，より一層の成長・発展が期待されている．

　しかし，そのようなソーシャルビジネスを成長・発展させるには，現代社会に存在する「課題」を認識し，その解決に向けた「事業活動（＝ビジネスの仕組み）」を考え，人々と協力しながら「実践できる人材」が必要である．以下では，そのような人材を育成する活動として，「理論と実践」を通じてソーシャルビジネスを学んでいる大学のゼミナールの活動を紹介することにしたい．

2　ネパール大地震と「Smile for Nepal」の活動

　筑紫女学園大学現代社会学部の藤原ゼミナールでは，現代社会の多様な問題（社会的課題）をビジネスの手法で解決する「ソーシャルビジネス」について学んでいる．ゼミでは「理論と実践を通じて学ぶ」という運営方針の下，文献研究（知識の習得）→実践活動（現実への適応［現実の理解］）→文献研究（知識の深化）→実践活動（現実への適応［より深い現実の理解］）→文献研究……，というサイクルを回しながら学びを深めている．ここでは，ゼミの学生達が議論を通じて考え出した独自の「仕組み（ソーシャルビジネスモデル）」とその実践活動（ネパールの子ども達の教育支援と女性達の自立支援を目的としたソーシャルビジネス［活動名：Smile for Nepal]）を紹介することにする．

⑴ ネパール大地震と筑女ネパールプロジェクト（2015〜2017年）

　2015年4月25日，ネパールをマグニチュード7.8（アメリカ地質調査所）の巨大な地震が襲った．8460人もの死者（ネパール内務省，2015年5月15日付）が出ると共に，

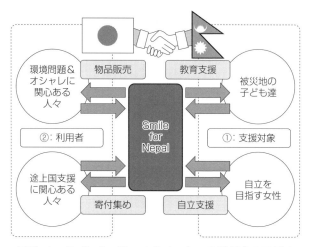

図12-1 Smile for Nepal のソーシャルビジネスモデル
（出所）筆者作成.

ネパール全土で多数の学校の校舎が倒壊. 全国で3万2000もの教室が使えなくなり（ユニセフ，2015年5月31日付），100万人近い子ども達が学ぶ場所を失ってしまった.

筑紫女学園大学では，「ネパール大地震復興教育支援プロジェクト」を発足させ，地震発生から4カ月後の現地調査を皮切りに，継続的に支援活動と現地調査を実施している. 被災地を中に多数の学校を訪問し，延べ6000人以上の子ども達に文房具を直接届けている（2020年2月現在）. また，2016年8月には震源地・ゴルカ郡にある学校で倒壊した校舎の再建作業を開始し，翌2017年の春に新校舎が完成している.

プロジェクトでは「継続的な教育支援」という方針を掲げて活動を続けていたが，時間の経過とともに活動資金となる寄付金は思うように集まらなくなった. そのような課題に直面していた2017年4月，現代社会学部の藤原ゼミナールが活動を開始した. 藤原ゼミでは「ネパールの子ども達への教育支援」の継続を目的としたソーシャルビジネスに取り組むことになった. ゼミ1期生は，どのように「ビジネスの仕組み」を作り，どのように「ネパールの子ども達への教育支援」を実施するかについて議論を開始した.

(2) 「理論」を通じた学び（2017年4月～：写真12-1）

2017年4月に活動を開始した藤原ゼミナール. 学生達は独自のソーシャルビジネスを立ち上げるべく，まずは基本的な知識の修得を目指した. ゼミの授業で文

通常ゼミの様子（文献を用いた報告と TBL
[Team Based Learning] 形式の討論）

学外の勉強会に参加し，ビジネスモデルづくりを
学ぶ学生達

ゼミの授業でグループに分かれてビジネスモデル
づくり

ベンチャー企業の経営者を招いた勉強会を開催し
ビジネスモデルづくりを学ぶ

写真12-1　「理論」を通じた学び（2017年4月～）

（出所）筆者撮影.

　献を元にした報告と議論を行うだけでなく，学外で開催された各種勉強会にも参
加し，他大学の学生達と一緒にビジネスモデルづくりを学んだ．文献を通じて得
た知識や学外の勉強会で得た情報を元にして議論を行い，複数のビジネスモデル
を出し合った．その後，出し合ったモデルを融合させて独自のソーシャルビジネ
スモデルを創り上げた（図12-1参照）.

　自分たちの活動名を「Smile for Nepal」と名付け，ネパール大地震で被害を
受けた子ども達への教育支援だけでなく，社会的地位の低い現地の女性達の自立
支援も行うことになった．その「仕組み」は，① ネパールを訪問して現地の女
性達が手作りするグッズ（エコバッグやアクセサリー，雑貨）を適正な価格で購入す
ることで自立を支援し，② 現地で購入したグッズを日本で販売し，その利益で

筑紫女学園大学のプレ学園祭でのテスト販売とニ　　ニーズ調査を踏まえて現地を訪問し，商品の買い
ーズ調査（2017年7月）　　　　　　　　　　　　　付けを行う学生（2017年8月）

筑紫女学園大学学園祭でのネパールグッズ販売　　あすばるフェアトレードバザーでのネパールグッ
（2017年10月）　　　　　　　　　　　　　　　　ズ販売．福岡県知事が視察に来る（2017年11月）

写真12-2　「実践」を通じた学び（2017年7月～）

（出所）筆者撮影．

子ども達への教育支援（文房具プレゼントや倒壊した校舎の再建）を行うという内容で
ある．また，クラウドファンディング等を利用して途上国支援に関心のある方々
から寄付を募り，活動資金に充てることも考えた．

　このような独自のビジネスモデルを構築した後も，文献を通じた学びを継続し，
そこで得た知識を実践に応用．また，ソーシャルビジネスの実践家やベンチャー
企業の経営者を招いた勉強会も開催し，ビジネスに必要な実務的な知識も身につ
けていった．

(3) 「実践」を通じた学び（2017年7月～：写真12-2）

　学生達は自分たちで考えた「ビジネスモデル」を実践すべく，まずは大学内で
テスト販売とニーズ調査を行った．「女子大生と教職員」という限られた調査対

ホテルからバスと徒歩で片道6時間を掛けて学校に向かうゼミ生達.

震災から3年. まだ仮設校舎で勉強する子ども達（ダーディン郡の学校）

仮設校舎で勉強する子ども達へ文房具のプレゼント. 裸足の子どももいた.

笑顔で文房具を受け取る子ども達. 嬉しくて文房具を抱きしめる子どももいた.

写真12-3　ネパール大地震の被災地での教育支援活動（2018年2月）

（出所）筆者撮影.

象であったが, アクセサリーや雑貨を直接手にして頂いて聞き取り調査を行った. このニーズ調査の結果を踏まえて夏期休暇中にゼミ生が現地（ネパール）を訪問して買い付けを行った. 現地では女性のハンドメイドグッズの販売店や自作アクセサリーを路上販売している女性, 女性の手作りエコバッグを販売している業者などを訪問し, 価格交渉も行いながら商品の買い付けを行った.

　夏期休暇終了後, 学生達は学内外の各種イベントに参加し, 自分たちの活動の趣旨をアピールしながらネパールグッズの対面販売を行った. 販売する際には引き続きニーズ調査を行い, また, 福岡市内に出向いてアクセサリーや雑貨の陳列方法, 価格の調査も行った. 対面販売だけでは販売機会が限られるため, アルバイト先や知り合いのお店にお願いして委託販売にも取り組んだ. また, SNSを

活用した広報活動など，自分たちの活動をより多くの方々に知ってもらうための
取り組みも行った．

(4) ネパール大地震の被災地での教育支援活動 (2018年2月：写真12-3)

　ゼミ開始から10カ月が経過した2018年2月，藤原ゼミ1期生は全員でネパール
を訪問した．ネパール大地震で大きな被害を受けたダーディン郡にある学校へは
バスと徒歩で片道6時間（往復12時間）掛けて向かった．地震発生から約3年が経
過していたが，依然として仮設校舎で勉強している子ども達がたくさんいた．子
ども達が勉強していたのは，丸太とブリキ板でできた質素な校舎．学年毎に仕切
られた狭い空間が子ども達の「教室」．その「教室」で多くの子ども達が所狭し
と座っている．朝晩は冷え込む2月であったが子ども達は地面に薄いゴザを敷い
て勉強しており，中には裸足で学校に通っている子どももいた．そのような環境
の中，一生懸命に勉強している子ども達．学生達はそのような子ども達一人ひと
りに日本から持参した文房具をプレゼントした．文房具を受け取る子ども達の目
はキラキラと輝き，とても嬉しそうに受け取ってくれる．そのような姿を見た学
生達は，自分たちの活動の真の意味を理解すると共に，ソーシャルビジネスの意
義や役割を実感したようである．

(5) 「教える」ことを通じて「学ぶ」ゼミ運営 (2018年4月～：写真12-4)

　筑紫女学園大学の現代社会学部では3年次と4年次のゼミを同時開講し，「4
年生が3年生のロールモデルとなる」というスタイルでゼミが運営されている．
2018年4月には新3年生が加入し，ゼミ生は約20人の規模となった．授業運営は
4年生に任せ，「先輩が後輩を指導する（＝知識と経験の伝授）」というスタイルで
ゼミを運営．普段の授業は文献を用いて「知識の修得」に取り組むが，1年間
「理論と実践」を通じて学んできた4年生は「自分達の経験」を踏まえて議論を
リードし，3年生の理解を深めるサポートを行っていた．
　また，実践活動（ネパールグッズの販売）に関しても，「先輩が後輩を指導する」
というスタイルで運営した．2月の現地訪問の際に買い付けてきたネパールグッ
ズを先輩と後輩が協力して販売．4年生は自分達の知識と経験を元に，事前準備
や商品陳列の方法，対面販売の際の接客方法などを後輩に指導し，3年生は先輩
の指導を受けながら知識と経験を積み重ねていった．当初は先輩の「指示通り」
に行動していた3年生も，最終的には自分達独自の陳列方法や販売スタイルを確
立しながら活動を進めることができるようになった．

通常ゼミの様子．４年生が進行役を務め，テキストを元に報告と議論を行う．

イベント販売の準備の様子．商品知識や販売方法などを先輩が後輩に指導する．

対面販売当日の様子．現場での商品陳列や接客方法などを先輩が後輩に指導する．

キャンパスフェスタでのネパールグッズ販売．環境大臣（当時）がエコバックを購入．（2018年12月）

写真12-4　「教える」ことを通じて「学ぶ」ゼミ運営（2018年4月〜）
（出所）筆者撮影．

(6)　ネパール大地震の被災地での教育支援活動（2019年2月：写真12-5）

　ゼミ１期生がネパールを訪問してから１年後の2019年2月，２期生全員がネパールを訪問した．前年同様，ネパール大地震で大きな被害を受けたダーディン郡の学校へはバスと徒歩で片道6時間（往復12時間）掛けて向かった．現地の子ども達は１年前に訪問した「１期生」のことを憶えており，２期生が到着すると大歓迎してくれた．学生達は日本から持参した文房具を子ども達一人ひとりに手渡しでプレゼント．子ども達が嬉しそうに文房具を受け取る姿，受け取った文房具を大切そうに抱きしめる姿を見て，「先輩達が話していたこと（＝自分達の活動の意義と役割）」をリアルに実感できたようである．

　震災発生から約4年が経過し，ある程度の復旧は進んでいたが，まだ仮設校舎

前年同様，片道6時間を掛けて被災地ダーディン郡の学校を訪問.

照れくさそうにしながらも，嬉しそうに文房具を受け取る子ども.

文房具を受け取る順番を楽しみに待つ子ども達.

子ども達一人ひとりに文房具のプレゼント．嬉しそうに受け取る子ども.

写真12-5　ネパール大地震の被災地での教育支援活動（2019年2月）
（出所）筆者撮影.

で勉強している子ども達も多く，学生達は継続的な支援の必要性を実感したようである．ネパールでの活動を経験したことで，自分たちの活動の意義や役割，そして先輩達の「想い」を理解すると同時に，今後は自分達が「後輩を指導する立場になる」ことへの意識も高まったようである.

3　コロナ禍での Smile for Nepal の活動

　以上のような活動を継続してきた藤原ゼミの学生達．2019年度も各種イベントで対面販売を行い，2020年2月にはゼミ3期生全員がネパールを訪問し，子ども達への教育支援活動を実施した．同時に4月以降の対面販売に向け，現地での買

満面の笑みで嬉しそうに文房具を受け取る子ども.　受け取った文房具を大切な宝物のように抱きしめる子ども.

現地の商店（女性の自立支援を目的に手作りグッズを販売する商店）　狭い店内で買い付けるグッズの品定めをする学生達.

写真12-6　ネパールでの教育支援活動とグッズの買い付け（2020年2月）

（出所）筆者撮影.

い付けも全員で行った（写真12-6）.

　しかし，4月から始まった2020年度の活動は新型コロナウィルスの感染拡大によって大きな方向転換を迫られることになった．例年のような対面販売が完全にストップ．大学の授業も全て「遠隔」となり，直接会って議論することもできなくなった．授業はWebツール（Zoom）を使って実施．慣れない遠隔授業に苦戦しながら「今後の活動」について議論することになった．

　対面販売ができないため，急遽「Webを活用した通信販売」を本格的に導入することになった．以前から通信販売で販路を拡大する議論はしていたが，本格的なビジネス展開は未経験であったため，新たに「通販グループ」を作って取り組むことになった．また，SNSを通じて活動アピールを行う「広報グループ」

コロナ禍でのゼミの授業．議論はオンライン（Zoom）で実施．

オンラインの議論でSNSを通じた広報展開について議論するゼミ生達．

コロナ禍での対面授業．「密」を避け，大きな教室で議論する様子．

通信販売で出品するグッズ（エコバッグ）の撮影をするゼミ生達．

写真12-7　コロナ禍でのゼミ活動（2020年4月〜）

（出所）筆者撮影．

も強化し，通信販売と広報活動を連動させて売上げに繋げる仕組みの構築が始まった．学外の勉強会に参加してWeb広報の仕組みを学びゼミで共有するメンバーや，各種通販サイトを調査しその仕組みをゼミで共有するメンバーなど，新たな「ソーシャルビジネモデル」の構築に向けた活動が始まった（※その後，一部科目で対面授業が可能となった．学生達は「通信販売」用の写真撮影を行い，本格的に通信販売を開始．現在は「With コロナのソーシャルビジネス」の確立を目指した議論と実践を継続中である）（**写真12-7**）．

4　ソーシャルビジネスを通じた学生の学びと成長

　藤原ゼミでは，ソーシャルビジネスを「社会的課題を解決するためのツール」と位置づけ，「利益追求」と「社会的課題の解決（＝ミッション追求）」のバランス

を取りながら組織をマネジメントすることの大切さを学んでいる.

　ネパールグッズの販売でより多くの「利益」を上げれば, より多くの資金を子ども達の教育支援に充てることができる. しかし, 利益を増やすために安い値段で買い付けをすれば現地の女性達の収入は減少し, 「女性の自立」を阻害してしまう. 現地での買い付けは, このような「利益追求」と「ミッション追求」のバランスも意識しながら行っている.

　学生達は, ネパールで子ども達と触れ合うことで自分たちの活動への「想い」(「ミッション追求」の意識) が一層強くなり, 日々の活動への意欲も一気に高まる. 現地を訪問してリアルな子ども達の姿 (劣悪な環境の中で一生懸命に勉強する姿, 文房具を受け取った時の笑顔, 文房具を大切そうに抱きしめる姿) を自分の目で直接見たことが大きく影響するようである. 文献や映像で得られる「情報 (知識)」ではなく, 「リアルな現実」を五感で感じることはSDGsの重要性 (本事例の場合, 目標1 (貧困:貧困をなくそう) と目標4 (教育:質の高い教育をみんなに)) をより深く理解する上で重要なことであろう.

　現在も学生達は, 自分たちの「ミッション (子ども達の笑顔:Smile for Nepal)」の実現を目指し, 一緒に議論しながら「ビジネスモデル (仕組み)」を考え, 仲間と協力して具体的な実践活動を継続している. 学生達がゼミの活動を通じて学び, 実践していることは, 「持続可能な社会 (Sustainable Society)」を創り上げ, 担っていく人材にとって必要不可欠な要素であると思われる.

　SDGsを実現するためのソーシャルビジネスの成長・発展. そして, ソーシャルビジネスを成長・発展させるための人材育成. SDGs実現のカギを握るのは, これからの社会を担う若者達の教育にあるのではないだろうか.

第13章
中小企業に CSR 経営の普及啓発をなぜすすめるのか
―――大阪，京都の経済団体，自治体を事例に―――

　これまで，企業を中心に，SDGs や CSR の関係性や実践について論じてきた．本章は大阪府商工会連合会の CSR 経営実態調査と東大阪市の CSR 経営表彰事業，CSR 京都の中小企業 CSR 啓発事業の事例から，SDGs と CSR へのミクロ（個々の企業）とマクロ（自治体や経済界）の協働・連携の意義を考えてみよう．

1　大阪府商工会連合会の CSR 実態調査と CSR 支援活動

　商工会連合会という団体をご存知だろうか．商工会法（1960年）に基づいて認可を受け設立された特別認可法人である．各都道府県に設置されており，全国に1660カ所ある商工会と連携し，小規模事業者を対象に経営改善普及や地域総合振興を柱にきめ細かな経営指導や相談に応じている．
　現在，大阪府商工会連合会は，創業支援のための学習会やビジネス講座，経営にかかわる法律相談など中小企業・零細経営の多岐にわたる経営問題の解決に取り組んでいる．大阪府下の会員を対象に，ソーシャルビジネス，コミュニティビジネス，事業継続計画（BCP）など広い観点で CSR 経営の指導啓発を行い，中小企業への CSR の浸透を図る施策を講じている．
　なかでも特筆すべきは，2014年（無作為に抽出された大阪府下の商工会会員437社を集計），2015年（無作為に抽出された大阪府内の商工会議所会員415社を集計）に大阪府内で2度実施した CSR 経営実態調査である[1]．この実態調査を行った目的は，大阪府下の中小企業の持続可能な経営の指針を作成するための一次資料にすることにあった．
　この2回にわたる大阪府下の中小企業実態調査の設問項目と2010年に筆者を含む中小企業 CSR 実態調査研究会（大学教員10名からなる研究会）が実施した中小企業 CSR 全国実態調査（中小企業家同友会全国協議会会員を対象にした）の設問項目がほぼ同じであることから，2010年，2014年，2015年の3回の調査結果を比較した．実施時期が最新ではないことや大阪と全国の地理的相違や調査対象企業の規模の多少の違いもあるが，2010〜2015年までの日本の中小企業の CSR に対する関心

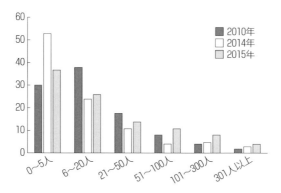

図13- 1　従業員数の規模別分布
(出所) 大阪府商工会連合会『地域から信頼される企業をめざして
CSR 事例集』2017年，7頁.

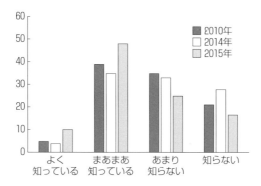

図13- 2　CSR への理解度
(出所) 大阪府商工会連合会『地域から信頼される企業をめざ
して　CSR 事例集』2017年，7頁.

や傾向を知るうえで第一次資料になるだろう[2]．その調査結果の中から 6 つのデー
タを抽出して，日本の中小企業の CSR 経営の実態の特徴を見よう[3]．

　図13- 1　従業員数の規模別分布では，従業員規模が「0 〜 5 人」でもっとも
多い割合を示したのが2014年（53%）である．小規模企業に相当する「0 〜20人」
の企業は，68%（2010年），77%（2014年），63%（2015年）であり，調査企業の多数
を占めていることがわかる．

　図13- 2　CSR への理解度では，2015年度に CSR を「よく知っている」（10%），
「まあまあ知っている」（48%）で合計58%となり，前年度に比べて急増している．
反面，「知らない」（17%），「あまり知らない」（25%）が急減している．この 5 年

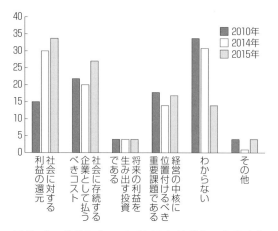

図13-3 貴社にとって「CSR」はどういう意味を
持っているか

（出所）大阪府商工会連合会『地域から信頼される企業をめざして
CSR 事例集』2017年，8頁.

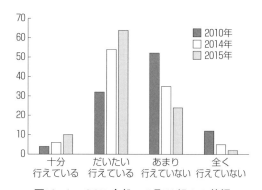

図13-4 CSR 全般への取り組みの状況

（出所）大阪府商工会連合会『地域から信頼される企業をめざ
して CSR 事例集』2017年，8頁.

間に中小企業における CSR への理解度や関心が高まっていることがうかがえる．
　図13-3 貴社にとって CSR はどういう意味を持っているかについて，「社会
に対する利益の還元」「払うべきコスト」とする考えが急増し，「わからない」と
する企業は急減している．積極的に CSR をとらえようとする傾向がよみとれる．
「経営の中核課題に位置づけるべき重要課題である」と答えた企業は少なく，
CSR を経営の最優先レベルに位置づけるには至っていない実態がうかがえる．

表13-1　貴社の CSR 全般への取り組みが行えている理由

	2010年	2014年	2015年
1．経営理念等に社会的責任の履行が含まれている	1位	2位	1位
2．従業員満足度の向上または従業員の教育強化	2位	1位	2位
3．企業イメージの向上	3位	4位	3位
4．販売先，納付先からの期待，要請	4位	3位	4位
5．消費者からの要請，期待	5位	5位	5位
6．官公庁，公的機関からの期待，要請	6位	6位	7位
7．競争力強化につながる	7位	9位	8位
8．売上の増加	8位	8位	6位
9．コストの削減	9位	7位	9位
10．競合する同業者が CSR に取り組んでいるので対抗策として	10位	11位	11位
11．その他	11位	10位	10位

（出所）足立辰雄編著『サステナビリティと中小企業』同友館，2013年，50頁，大阪府商工会連合会『大阪府中小企業 CSR 実態調査結果（中間報告）』2014年，24頁，同中間報告，2015年，27頁より筆者が加工・作成した.

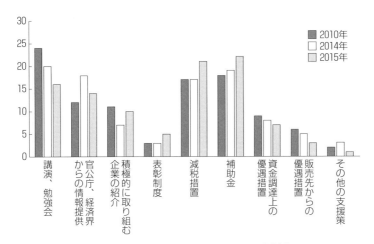

図13-5　CSR の取り組みに必要な支援策
（出所）大阪府商工会連合会『地域から信頼される企業をめざして　CSR 事例集』2017年，10頁.

図13-4　CSR 全般への取り組みの状況では，「十分行えている」「大体行えている」の合計が36％から74％へ増加し「あまり行えていない」「全く行えていない」の合計が64％から24％へ急減している．この傾向は，「CSR への認識」「CSR の意味」の理解度と対応しており，中小企業における CSR への関心と実践のレベルの高まりの反映といえる.

　表13-1　貴社の CSR 全般への取組みが行えている理由について（2010年度，2015年度調査）の複数回答で，最も高かったのは，「経営理念等に社会的責任の履行が含まれている」がトップであった．CSR 経営の実践において「経営理念」の役割が大きいことがよくわかる．

　図13-5　CSR の取り組みに必要な支援策では，「講演，勉強会」が2010年度は最も大きな割合（24％）を示していたが，2015年度は 3 番目の16％へ減少した．「官公庁，経済界からの情報提供」は12％から14％へ増加している．一方，2015年度は「補助金」が22％でトップに立ち，次いで「減税措置」が21％となって増加している．この 2 項目の合計だけで，2015年度の43％を占め，多数派となっている．この数値も CSR の学習段階から実践段階への移行に伴う中小企業のニーズの反映とみなされ中小企業の CSR への指導啓発，支援のあり方が問われている．

　上記の調査結果によれば，中小企業の組織の小規模性から CSR の担当部署がなく社長が兼任していたり，社長個人の熱い思いで CSR 経営に孤軍奮闘しているケースも少なくない．少人数の組織では，経営者も従業員も地域社会の一員で家族的な雰囲気があり地域社会に貢献することは概ね当然とされている．ヨーロッパでは，中小企業は地域社会の中での信用を重んじて誠実に控えめに社会貢献することを自然体で実践したり声高に叫ばず（陰徳）活動する社会資本とみなし，埋もれた CSR（sunk CSR）とも呼ばれている[4]．

　以上のアンケート調査を回収するだけでなく，大阪府商工会連合会は CSR への認識があり実行もしている24社にヒアリングを実施した．その結果，各会社の CSR の取り組みの特徴を分析した報告書を『地域から信頼される企業をめざして CSR 事例集』の中に掲載している[5]．

　CSR 経営実態調査結果の目標達成度について，同連合会は，次のように自己評価している．「CSR 経営実態調査では，意識調査という限界はあるものの，商工会地域の中小企業の「埋もれた CSR」（自覚されていない CSR 活動）の実態を明らかにすることができた．CSR リーダー育成研修は16商工会を対象に実施したが，満足度が90％を超える商工会が 8 カ所（平成25年度 6 カ所，平成24年度 1 カ所，平成23年度 2 カ所）と増え，地域リーダーの CSR・人権意識の向上に寄与することができた．CSR 経営セミナーは13商工会・ 1 商工会議所で実施（昨年度は11商工会）し，満足度も87％と高く，地域中小企業への CSR 普及啓発に寄与することができた[6]」．

　大阪府下の中小企業を対象にした 2 回の CSR 経営実態調査から，中小企業の多くが CSR を肯定的にみており，積極的に取り組もうとしている傾向が明確に

なった.

　CSR経営の普及啓発に携わってきた大阪府商工会連合会のCSR経営推進委員会は, 2014年5月13日に第1回委員会を開催してから, 年4回, 2019年11月までに27回行われた. 同推進委員会の委員長は同連合会の専務理事が担当し, 数名の委員と数名の事務局から構成されている. 大阪府商工会連合会は次のステップとして, 現在, CSR経営推進委員会で作成した中小企業向けCSRステップアップマニュアルを検証するためCSR経営モデル支援事業を実施し, 支援マニュアルの完成段階に入っている.

　CSRを中心に実態調査を行い, CSR推進モデル企業を対象に精緻な指導啓発を行ってきた同連合会が, SDGsをどのように取り込んでCSR経営に一体化し, 大阪府下の中小企業の成長モデルを創造するのか, に注目したい.

2　東大阪市のCSR経営表彰事業

　1967年に布施市, 河内市, 枚岡市が合併して誕生した東大阪市は, 人口約50万人規模の「ラグビーのまち」「モノづくりのまち」として全国に知られている. 東大阪市内の事業所数は, 5954事業所（2016年経済センサス活動調査）で, 全国第5位, 工場密度では全国1位（事業所数4000以上の都市で比較）である. 市内の全産業のうち, 製造業で働いている人の割合は27.2%で全国1位である. 東大阪市には, 金属製品, プラスチック製品, ゴム製品など, 多岐にわたる製造業の業種があり, 航空機部品や鉄道車両, 自動車やバイクの部品, 日本を代表する電波塔や橋に使われるボルトやナットなどにも東大阪の製品が使われている[7].

　モノづくりのまちである東大阪市は, 2012年に製造業だけでなく幅広い業種を対象とした東大阪市CSR経営表彰事業を開始した. 東大阪市CSR経営表彰事業とは, CSR経営の一定の基準を満たす優良企業を表彰して, 東大阪市の持続可能な成長と発展に寄与する健全な企業の増加を図ろうとするものである.

　要綱の第1条で事業の目的を次のように述べている.「市内に所在する中小企業の事業所で, 財務面で良好な経営を行っているとともに地域や社会における企業の社会的責任（CSR: Corporate Social Responsibility）をも果たしている企業を表彰することで, 当該企業の企業価値を高め, 社会から信頼される企業として市域に軸足を置いて, 環境, 地域・社会, 人権・労働の分野で社会に貢献する中小企業の事業所の増加を図り, もって本市産業の持続可能な振興と発展に資することを目的とする[8]」.

**図13-6　東大阪市 CSR 経営表彰受賞事
業所活動紹介**
（出所）東大阪市から提供された資料を筆者が撮影した.

　CSR 優良企業として表彰されるためには，「環境」「地域・社会」「人権・労
働」の3分野から1分野を選択して応募する．2013年度までは1つの企業が別々
の分野に複数応募することも可能で，実際，2013年度は，2社が複数分野に応募
して同時に受賞している．他方，持続可能な成長のためには，本業による財務の
健全性も必要とされるので，生産性，収益性，健全性，成長性の4つの基準から
評価される．前者の「環境」「地域・社会」「人権・労働」の分野は80点満点で評
価され，後者の財務の評価は20点満点の合計100点満点で審査される．審査は書
類審査と現地視察・ヒアリングを必須要件としている．
　2012年から2019年までに実施された CSR 経営表彰事業で受賞した企業は合計
21社である．その受賞理由も併せて，表13-2を作成した.[9) 受賞企業の内訳をみ
ると，環境部門9社（優秀賞9社，奨励賞なし），人権・労働部門4社（優秀賞1社，
奨励賞3社），地域社会部門8社（優秀賞5社，奨励賞3社），雇用部門2社（優秀賞な
し，奨励賞2社）であった．この数値には一社で2部門の受賞企業のケースが含ま
れている．
　2012年から2016年までの CSR 経営表彰受賞企業に受賞後のアンケートを行っ
ている.[10) それによると，回答事業所（回収率81.3%）が CSR 経営表彰事業を知っ
たのは「市政だより」が30%，「友人・知人」が25%，「ホームページ」が20%，
「ポスター・チラシ」が10%，「市情報番組」や「中小企業だより」，「その他」が
5%であった．受賞記念の DVD や市政だよりを「活用した」は8割弱でよく活
用されている．受賞後の経営者と従業員の「モティベーションが向上した」は9
割程度を占めており，CSR 表彰の受賞が会社の経営に大きく貢献していること

表13-2　東大阪市CSR経営表彰企業一覧（2012～2019年）

年次	受賞企業名	業種	受賞部門	受賞理由
2012年 （平成24年）	株式会社ダイワパックス	包装業	環境優秀賞	ISO14001認証を取得，有機溶剤（VOC）を使用しない水性グラビア印刷を開始し安全性と環境配慮への貢献が評価された．
	マツダ紙工業株式会社	ダンボール加工業	地域・社会優秀賞	東日本大震災直後に，被災者のプライバシー保護のためにダンボール製間仕切りセットを自社のトラックで運び複数回にわたって寄贈．そこには，「がんばろう日本」が印刷され被災者を激励．その後もダンボール製授乳室や整理ダンス，ダンボール相撲セットも開発して被災地に寄贈した社会貢献が評価された．
	日清工業株式会社	メッキ加工業	地域・社会奨励賞	主力製品のダーツと画鋲のメッキ加工では国内トップシェアを持つ会社．その技術力と専門力を生かして東大阪市の委託を受けたNPOの「ものづくり体験教室」の講師として理科嫌いの子供たちにメッキ加工体験をしてもらう社会貢献活動が評価された．
2013年 （平成25年）	レッキス工業株式会社	配管機器製造	環境優秀賞	ISO14001認証を取得，配管用機器のトップメーカーとして，全製品がエコプロダクツ，工場リサイクル率も93%を達成して，環境実績，経営実績ともに優れた実績を上げた．
			地域・社会優秀賞	1938年から継続して障害者を雇用し2012年は障害者雇用率は10.4%．東大阪市ふれあい祭りのバザー収益金の大阪府市障害者対策協議会への寄付，障害者福祉施設のダンボール回収作業への協力など障害者との共生　共益の関係づくりが高く評価された．
	株式会社カワキタ	プラスチック加工業	地域・社会優秀賞	近隣の小学生を招いて，社員手作りの「カワキタわくわく祭」を開催．カワキタの製品の展示と子供たちとの交流により地域に貢献するために何が必要かを社員に考えさせそれによる教育的効果と会社と社員の一体感も期待できる．
			人権・労働奨励賞	ワークライフバランス委員会，3S委員会，マナー工場委員会を設置して，全社員がいずれかの委員会に参加して社員の自発的な取り組みを奨励している．好きな曜日を「ノー残業デー」とすることができ，1時間有給休暇制度などユニークな施策を実施して，社風の改革に成功している．
	株式会社石川製作所	金属部品加工	雇用部門奨励賞	従業員の働きやすい環境づくりを第一に，新卒者の採用とともに中高年者の中途採用率を重視しており，授賞時の過去5年間の中途採用率は92%に達している．中途採用者の離職も少なく「居心地が良い」との声も聞かれ，働きやすい環境を整備している．
	フジ矢株式会社	作業工具製造	雇用部門奨励賞	ペンチ，ニッパー類の製造でトップシェアをもち，その製造技術の品質を職人に頼っていることから，定年制ではなく引退制を採用，60歳以降も始業時間，就業時間，就業日数に応じた就業条件で継続雇用されている．高齢者だけでなく，外国人や女性，障害者雇用にも前向きで雇用の安定化に貢献している．
2014年 （平成26年）	株式会社富士製作所	ナット製造業	地域・社会優秀賞	ISO9001認証取得，品質管理の5Sを実践し工場の環境整備を徹底，学校では教えられない工場管理の実際を知りたい多くのインターンシップ生も受入れている．社員の人権に配慮した「8時間眠る，8時間働く，8時間家庭円満」という経営理念もユニークである．
	大東衛生株式会社	産業廃棄物処理業	環境優秀賞	ISO14001，ISO9001認証を取得，廃棄・回収されたペットボトルやプラスチック製品の選別や破砕等で再生プラスチック原料を製造し，ボードやパレット等のエコプロダクツを製造，循環型社会づくりに貢献している．
	特別養護老人ホームたちばなの里	介護福祉事業	地域・社会奨励賞	高齢者介護施設のコミュニティホールを地域住民との交流の場として提供し，介護予防体操教室，歌声喫茶，手作り教室など活発に活動し高齢者の孤立化の防止に貢献している．

2015年 （平成27年）	株式会社シナガワ	ゴム・樹脂製造加工業	環境優秀賞	ISO14001，ISO9001 認証取得，本社屋上に太陽光パネルを設置し，中小企業の環境配慮型工場として事業を展開，CSR の勉強会やサークル活動を旺盛に行って社員の環境意識の自覚も高まっている．
	株式会社ツヅキ	建材事業	環境優秀賞	開発した LLH 外断熱通気層システムによる環境配慮型の外断熱工法（エコプロダクツ）への受注が増加し，住宅や建物の健康，環境，省エネ効果が期待され，環境配慮型ビジネスモデルが評価された．
	株式会社吉武工務店	総合建設業	環境優秀賞	エコアクション21認証取得，人と地球に優しいリフォームや新築の設計や開発を行い「創造空間」と呼ぶ新しい住まいのポリシーを提唱した．自然素材の「シラス壁」や天然自然原料でつくられたワックス，無垢の木を活用したエコモデルハウスを事務所に，社員とゲストの憩える空間作りに成功，小規模企業の CSR 経営モデルを確立した．
	株式会社ロダン21	ものづくり支援事業	地域・社会奨励賞	東大阪市のものづくりを支援する目的で，異業種交流グループのネットワーク化やこどもたちのキャリア教育のための「ものづくり体験教室」を展開し毎年5000人のこどもたちに「ものづくり」の出前授業を行っている．
	株式会社白水産業	プラスチック・ゴム製品製造業	環境優秀賞	ISO14001，ISO9001 認証取得，PDCA サイクルで電力消費量と廃棄物の削減で顕著な実績を達成している．松下幸之助のダム式経営に倣って適切な内部留保も心がけ環境方針の文書化やカード化で社員の自己成長を促し環境価値創造企業を目指している．
2016年 （平成28年）	株式会社シンエイ	締結部品の販売	人権・労働奨励賞	社員や取引先とのつながりを経営理念にした「つながる力つなぐ技」の共生思想から障害者を正社員として採用し，障害者自身が3S 清掃活動のリーダーとなっている．障害者の採用で，従業員の意識も改革され，従業員に優しい環境づくりが評価された．
	株式会社アート宣伝	印刷業	環境優秀賞	ISO14001 認証取得．出版・広告関係が Web へシフトしつつある中，紙の良さやインキの良さにこだわり新しい印刷物の魅力を伝える．使用電力の削減や資材のリサイクルで環境への負荷を削減しコストも削減し利益を高める実績を示した．「断らない」という信条や 5 つの A が同社の CSR を特徴づけている．
2018年 （平成30年）	株式会社サンワ	図工，美術教材の企画，開発	地域・社会優秀賞	ISO14001，ISO9001 認証取得．経営方針や経営計画書を毎年手帳に印刷して全社員に配布して会社の方針を共有している．「利他」の精神を学ぶために，地域の「こども体験教室」に参加したり，社員の社会貢献プロジェクトの提案制度を活性化させて発表もしており，CSR の実践に取り組んでいる．
	株式会社ユウビ造形	プラスチック造形加工	環境優秀賞	エコアクション21取得，車内照明の98%を LED 電球に切り替え，空調を省エネタイプにするなど電力消費量を削減した．経営理念に社会との協調が明文化され，地域住民のための AED の設置や有給休暇取得率の改善なども評価された．
2019年 （令和元年）	三洋商事株式会社	産業廃棄物処理業	人権・労働優秀賞	産業廃棄物処理業のイメージを変えるクリーンな工場を実現し，収益性も改善している．女性の役員登用や女性だけの会議，女性のリーダーシップを引き出すなど若さと躍動感ある職場環境を創り出すことに成功した．障害者採用でも積極的で地域社会のお祭りでも貢献している．
	株式会社関西電工	電気メッキ	人権・労働奨励賞	ワークライフバランスを掲げて，子育て世代の女性でも気兼ねなく働けるように非正規雇用者には自由出勤制を採用し，正規雇用者にも，年次有給休暇を積極的に取得するよう推奨している．35歳以下の正規雇用者比率は年々増加傾向であり，従業員同士の会話が少なかった職場が，明るく活気あふれる職場へと変わりはじめている．

（出所）東大阪市ホームページ，東大阪市企業表彰のデータから筆者が加工・作成した．〈https://www.city.
higashiosaka.lg.jp/category/19-1-3-0-0.html〉（2020年10月10日取得）エコアクション21とは中小企業
向けの環境マネジメントの認証規格．

がわかる．一方，会社の「認知度」や「取引先」との関係では，半数以上が「変化なし」と回答した．最後の回答については，CSR 経営表彰事業の終了後の経済的・社会的フォローに関わる制度的な幅広い支援が必要とされるだろう．

2017年に東大阪市内の事業所1500社に対して「CSR の認知度」を問うアンケート調査を実施している．回答企業は159社で，回収率は約10％である．それによると，CSR について「聞いたことがあり内容を詳しく知っている」が6.3％，「聞いたことがあり，内容をある程度知っている」が38.4％，聞いたことはあるが，内容までは知らない」が33.3％，「聞いたことがない」が22％であった．この結果から，「聞いたことがない」「ほとんど知らない」会社の合計が55.3％で，「よく知っている」「ある程度知っている」の合計44.7％より多い．この調査の2年前に実施した2015年度の大阪府商工会連合会の調査結果も踏まえるなら CSR への認知度を高める広報も改善されるべき課題の1つであるかもしれない．

モノづくりの町である東大阪市の CSR 経営表彰事業は，社会貢献や地域との絆を尊重する「中小企業のあるべき姿は何か」を市民とともに考え探求する事業として大きな役割をはたしている．

3　CSR 京都の中小企業への CSR 啓発・支援事業

京都には，中小企業への CSR の啓発と支援を行っている京都 CSR 推進協議会（CSR 京都）という団体がある．CSR 京都（京都 CSR 推進協議会）は，中小企業や小規模事業者への CSR の普及と中小企業の CSR を地域社会の課題解決や地域力の向上につなげる目的を掲げて，2011年4月に発足した．

2011年7月7日の CSR 京都設立記念講演会には，損保ジャパン理事で CSR 統括部長（当時）の関正雄の基調講演とともに，心学明誠舎 下野譲理事（当時）が「石田梅岩の石門心学について」を講演している．本書のサブタイトルに「石田梅岩の心学でフェアな成長を」と題したが，CSR 京都の出発点で「石門心学」の講演が行われていたことに不思議な「ご縁」を感じる．

2020年12月1日現在，中小企業を対象にしたメンバー会員は27社，主に経済的支援を担っていただいている大手企業や大学などの賛助会員は26社，大手企業・大学（主に経済支援），運営に携わっている経済団体を中心とした理事会員は8団体である．

CSR 京都は，一般に「企業の社会的責任」と訳される CSR の Responsibility に「信頼」の訳語を当てはめ，「企業の社会的信頼」に置き換えて説明している．

図13-7　CSR 京都の組織とホームページ

(出所) CSR 京都パンフレットより.

会社の製品やサービスをより良いものにする，働きやすい職場にする，環境保全に取り組む，という「信頼を築く取り組み」を CSR とみなしている.

　同団体に入会すると，つぎの4つの特典がある．第1に，「CSR 創発塾」などのセミナーに無料で参加でき，「CSR 経営がわかる」．第2に，他者と交流して，CSR 経営の事例を直接聞くことができ，「会員企業の取り組みがわかる」．第3に，ウェブサイトのスペースを無料で利用でき，CSR 取組レポートをアップできる，自社パンフレットを安価に作成できるなど，「これが我が社の CSR を広報できる」．第4に，CSR 京都のロゴマークが使える[13]．

　とくに，中小企業が CSR に取り組むに際して作成された「気づきと取り組みの発見シート」は，自社の現状を正確に診断しどこに課題があり改善するのかの仕組みづくりを重視している.

　最近の CSR 京都の活動事例を紹介する．2020年2月21日に開催された第25回 CSR 創発塾である．「CSR にとっての SDGs・SDGs を CSR に取り込む」をテーマに，デザイン会社の経営者が講演し13名が参加した．SDGs については，当初は中小企業に混乱をもたらすのではないかと敢えて触れてこなかった．しかし「話題に遅れないように理解を深めることや，CSR にも何らかの KPI（Key Performance Indicator; 重要な評価指標）とその達成目標が必要なこと，バックキャスティング（Back Casting; 未来のあるべき姿から現在を考える手法）の活用は有効なことから取り上げることとした」と京都 CSR 推進協議会会長の明致親吾は語る.

　「新型コロナウィルスの感染拡大の影響により，現在は，研究会やセミナーの

開催が困難になっているが，CSRとSDGsの一体的運用を図り，本業を通じた地域社会の課題解決への取組を提案していく予定」とも語った[14].

　理事のメンバーの構成からわかるように，商工会議所や中小企業家同友会など経営者団体が連携して，京都府下の中小企業向けに継続的に行われているCSRの学習会や啓発活動は，中小企業にとって大変心強いであろう．SDGsを含む今後の多様なCSRの展開が期待される.

〈付記〉

　本章の執筆に際して，大阪府商工会連合会様，東大阪市経済総務課様，京都CSR推進協議会（CSR京都）様から貴重な資料提供や助言などご協力を賜りましたことに深謝を申し上げます.

注

1 ）　2010年度の中小企業CSR全国調査結果と2011年度のCSR優良企業へのインタビュー結果を集約した文献として，足立辰雄編著『サステナビリティと中小企業』同友館，2013年，3～71頁を参照.

2 ）　『2014年度大阪府中小企業CSR実態調査結果』大阪府商工会連合会，2015年3月31日，『2015年度大阪府中小企業CSR実態調査結果（中間報告）大阪府商工会連合会，2016年3月31日，参照．『地域から信頼される企業をめざしてCSR事例集』大阪府商工会連合会，2017年，7～10頁．この3回におよぶ中小企業CSR実態調査結果の比較考察は，日本経営学会第91回統一論題で報告されている．足立辰雄「中小企業CSR実態調査結果とCSR経営の展望」『経営学論集』88，千倉書房，2018年，52～61頁，参照.

3 ）　図13-1～図13-5の元データは次の通りである．足立辰雄編著『サステナビリティと中小企業』同友館，2013年．『2014年度大阪府中小企業CSR実態調査結果』大阪府商工会連合会，2015年3月31日．『2015年度大阪府中小企業CSR実態調査結果（中間報告）大阪府商工会連合会，2016年3月31日.

4 ）　Francesco Perrini, Stefano Pogutz and Antonio Tencati, *Developing Corporate Social Responsibility; A European Perspective,* Edward Elgar Pub, 2006, p.139, 149.

5 ）　大阪府商工会連合会『地域から信頼される企業をめざしてCSR事例集』2017年，15～41頁.

6 ）　大阪府商工会連合会「平成26年度小規模事業経営支援事業　地域活性化事業実績報告書CSR普及啓発事業」〈http://www.pref.osaka.lg.jp/attach/2518/00191446/2617j.pdf〉，2020年10月25日取得.

7 ）　東大阪市「すてきな物語」〈https://www.city.higashiosaka.lg.jp/cmsfiles/contents/0000024/24885/PR.pdf〉，2020年10月15日取得.

8 ）　東大阪市CSR経営表彰事業要綱〈https://www.city.higashiosaka.lg.jp/cmsfiles/contents/0000024/24920/h30_csr_youkou.pdf〉，2020年10月17日取得.

9 ）　東大阪市経済部『東大阪市CSR経営表彰事業所活動紹介』（各年版）「東大阪市企業表

彰」〈https://www.city.higashiosaka.lg.jp/category/19-1-3-0-0.html〉

10）「東大阪市 CSR 経営表彰アンケート調査結果について」〈http://www.city.higashiosaka.
lg.jp/0000022261.html〉，2020年10月15日取得.

11）　東大阪市平成29年度10〜12月中小企業動向調査報告〈http://www.city.higashiosaka.
lg.jp/cmsfiles/contents/0000022/22261/tyousaA.pdf〉，2020年10月 5 日取得.

12）　『「京都 CSR 推進協議会」発足のご案内』2011年 2 月 9 日，9 頁.

13）　『CSR 京都パンフレット』.

14）　CSR 関連の拙問への京都 CSR 推進協議会会長，明致親吾様の文書回答（2020年11月
29日）.

第14章
SDGs や CSR を有効にする社会的支援には
どのようなものがあるか

　これまで，SDGs，CSR，心学の関係性やその有効な取組みについて主にミクロ（企業）のレベルで考えてきた．つぎにマクロ（社会的制度やネットワーク）のレベルから SDGs-CSR への社会的支援のあり方を考える．第13章で経済団体や自治体の取り組みがミクロの企業の CSR の取組に有効であることは概ね理解できている．ここでは，全国的な社会制度やシステムからマクロとミクロの適切な協働関係を築き，SDGs と CSR の実効性を高めて持続可能な社会づくりに導く方策を考える．この作業によって，個々の企業の CSR の取組み（点）が１つの（線）につながり，それらの線が有機的に結ばれて立体的な（面）がつくられ持続可能な社会への盤石な基礎が築かれる．持続可能な社会づくりにふさわしい合理的な仕組みを探求しよう．

1　すべての組織に ISO26000 を導入する

　SDGs-CSR を一体的に推進し持続可能な開発目標を達成するために，国や自治体，経済界は何をなすべきかを考えてみよう．戦後日本の経済政策は，「経済の復興」「国民所得の倍増」「技術立国」「知財立国」など，おもに「物欲」や「お金儲け」に主導された量的成長を「善行（ぜんこう）」と信じて成長を追い求めてきた．たしかに，身の回りをみると，ほとんどの日本人がスマホを持ち歩き，お洒落な服装を身にまとって一見「幸せ」そうな生活を送っているかにみえる．
　だが，実態はどうなのか．新型コロナの第３波が到来した2020年10月だけでみた全国の自殺者は2158名，前年度（2019年）の同月比で約40％も増加している．この2158名という日本人自殺者の10月の数字は日本の年間のコロナ死者数2087名（11月27日時点）を上回ったと，CNN ニュースは脅威に感じて世界に報道した[1]．なかでも40代の女性の自殺率が男性以上に急増している．コロナ禍による不況で非正規雇用の職場から解雇されたシングルマザーが保育所の閉鎖によって自宅での育児負担や雇用が保証されない将来を悲観したとも推察される．賃金差別や雇用差別が女性にしわ寄せされている日本社会は異常である．SDGs の「5．ジェン

ダー平等を実現しよう」「10. 人や国の不平等をなくそう」に日本政府は迅速に取り組むべきである．世界経済フォーラム（World Economic Forum）が2019年12月，「Global Gender Gap Report 2020」を公表し，その中で，各国における男女格差を測るジェンダー・ギャップ指数（Gender Gap Index: GGI）を発表した．この指数は，経済，政治，教育，健康の4つの分野のデータから作成されており，2020年の日本の総合スコアは0.652，順位は153カ国中121位（前回は149カ国中110位）と極端に低水準であった．その上位の国を見ると，アイスランド（1位），ノルウェー（2位），フィンランド（3位），スウェーデン（4位），ニカラグア（5位），ニュージーランド（6位），アイルランド（7位）の順であった [2]．この順位を見ると，第5位のニカラグアを除けば，本書の第1章第2節で紹介した「**表1‐2　世界幸福度ランキングの推移（2012～2020年）**」の幸福度指数の高い上位10カ国とほぼ同じ北欧諸国であることがわかる．男女差別のある国は国民の幸福度も低く男女差別のない国は幸福度も高いことが明白になった．

　自分の生活の窮状を知人や友人，第三者に相談して改善の道を探ることが「自分の弱みを晒す」ことになり「恥」とみなす日本人の国民性もあるが，社会的に孤立し困窮にあえぐ人々（社会的弱者）を救済する官民あげてのキャンペーンや公的な支援事業が日本政府には不足している．

　私たちは，これまで企業経営や組織一般の倫理的な行動を論じてきたが，日本の国政にも倫理的な行動基準が必要ではないだろうか．もちろん，日本国憲法が日本の法律の元締めとして存在するが，憲法や法令遵守を尊重しつつも，各界，各省庁に善悪の判断基準がつくられて，倫理的な目標を基準に自己点検しその活動が正しく循環するなら，国政の目指す方向と企業や組織の目指す方向がほぼ一致して，国民本位の持続可能な政治と経済，社会が実現するだろう．持続可能な社会づくりへの第一歩になる．

　すべての組織の倫理的な基準は，2010年に発行した ISO26000 に示されている．ISO26000 という組織の社会的責任（SR）の国際規格は，第三者からの認証を目的にしていないが，公共政策の一部として利用したり，あるいはより厳しい，具体的な国家規格を作成することを認めている．「この国際規格は，社会的責任に関する手引きを組織に提供することを意図しており，公共政策の一部として利用することができる．……この国際規格は，より具体的な，より厳しい，又は異なる種類の国家規格の作成を阻むことを意図していない [3]」．

　企業に倫理的な行動を求めるなら，国の機構自体も率先垂範して倫理的な政策とビジョン，規範のシステムを持つべきである．CSR の先進国であるヨーロッ

表14-1　ヨーロッパ諸国の CSR への取組と体制

国名	導入年次	担当部署	法的規制，指導・支援の内容
デンマーク	1994年	社会問題省，エネルギー環境省，雇用省	「私たちの共通の関心―企業の社会的責任」キャンペーン（1994年），環境会計報告書の提出義務づけ（1995年），自己点検評価の見返りにスコア60点以上の企業に社会インデックスを供与（CSR デンマークデータベースの構築），中小企業向け社会環境報告書の作成支援の手法である CSR コンパスの作成（2005年）
イギリス	2000年	貿易産業省閣外 CSR 担当大臣，12省庁が CSR 政策に関与	大企業，中小企業の CSR 普及促進，ラベリングレポートの作成支援，コミュニティー投資への減税制度，年金法改正し運用受託者に CSR の考慮と基本方針公開を義務化．民間最大の CSR の組織 BITC 設立．
フランス	2001年	社会問題担当相「持続可能な開発のための戦略」国民協議会	「新経済規制」現行憲法のもとで社会環境活動の実績（財務，環境，社会）をアニュアル・レポートの中で掲載することを義務づけている．
スペイン	2002年	労働社会問題省 CSR 専門委員会	CSR 優良企業の表彰，国連グローバルコンパクトやガイドラインにもとづく社会責任活動に従事する中小企業への公的資金供給
イタリア	2002年	労働社会問題省	CSR-SC プロジェクト．市民により企業の CSR レポートの正確性を確認させる運動．中小企業の CSR モデルを実証，成功させている．中小企業への社会資本概念の導入．
ドイツ	2006年	労働社会省	年金制度を改正し運用受託者に CSR への考慮（倫理，社会，環境）と基本方針公開を義務化．EMAS の普及，環境配慮型中小企業への財政支援．
ポルトガル	年次不明	労働省	従業員100名以上の企業の社会的バランスに関するレポートの提出義務づけ．

（出所）Francesco Perrini, Stefano Pogutz, Antonio Tencati, *Developing Corporate Social Responsibility*, Edward Elgar Pub., 2006, 藤井俊彦『ヨーロッパの CSR と日本の CSR』日科連出版社，2005年，矢口義教「近年のイギリスにおける CSR の展開――政策面に注目して――」『経営学研究論集』27，2007年，23〜42頁を参照して作成した．

パの CSR 推進体制を紹介しておこう．

　デンマークでは，1994年にすでに CSR キャンペーンが行われ，環境会計報告書の提出の義務づけ（1995年），社会問題省，エネルギー環境省，雇用省が CSR を担当している．世界初の CSR 担当大臣を設置したイギリスでは，12の省庁が協力して，大企業，中小企業の CSR を支援し，年金法の改正も行い，年金を運用する事業者に CSR に配慮した基本方針を公開することを義務づけている．この法改正で，イギリスの SRI（社会的責任投資）または ESG（環境，社会，ガバナン

ス）投資が本格化したといわれている．フランスやスペイン，ポルトガルでも行政の CSR 支援は活発である．イタリアでは，企業の CSR レポートの正確性を市民が確認する仕組みを作っており，ドイツでも年金法を改正し CSR に配慮した年金の運用方針の公開を義務づけている[4)]．

　このように，ヨーロッパでは，国策として CSR を21世紀の初めにスタートさせており，企業の CSR 活動や金融機関の SRI または ESG 投資はいまや常識になっている．日本の官公庁も率先して ISO26000 を導入し自らの組織を公正，民主の観点から国民本位の行政が進められたかを自己点検しその情報を社会的に公表すべきであろう．個人でも組織でも，人間の行動を律する倫理（経営哲学，経営理念）は，時代の制約や文化，価値観の多様性もあり，一律に他人から決めつけられたり強制されるものではない．組織自身の気づきや学習，民主的な議論の末に SDGs や CSR（SR）の必要性を認識することが最も大切な最初の作業である．

　SDGs の目標や ISO26000 の組織の 7 分野の目標を設定して行動し，そのなかに本業による社会貢献，環境貢献を組み込んで収益性も担保されその経営プロセスの情報が公開されるなら，社会から信頼されモラルある企業（組織）として認知されるであろう．このような企業が多数派となって経済や社会を担うなら，持続可能な社会に近づくことができる．ISO26000 は社会的責任と持続可能な社会との関係性を次のように説明している．「社会的責任は組織に焦点を合わせたもので社会および環境に対する組織の責任に関わるものである．……組織の社会的責任の包括的な目的は持続可能な発展に貢献するものであるべきである[5)]」．

　あらゆる組織に ISO26000 を適用して有効に動かすためには，第 3 章第 3 節，第 9 章で説明したように，ISO26000 に欠落している経営理念や経営哲学，本業の社会貢献（CSR プロダクツ）や CSR 推進委員会のような責任ある組織の設置も必要になる．また，事業の収益性の指標も CSR 目標に入れることや PDCA サイクルで毎年自己点検して公正な成長を行っているかどうかをステークホルダーとともに確認する．企業不祥事があれば経営トップが説明責任だけでなく結果責任をとることの意思表示も求められる．そのためには，ISO26000 の趣旨を踏まえて日本型 CSR のマネジメントシステムをもった独自の規格とガイドラインや推進マニュアルをつくって普及すべきであろう．

2　社会的責任推進省を設置し SDGs-CSR を推進する

　国の行政機構に「社会的責任」を推進する行政組織「社会的責任推進省」（仮

図14-1　持続可能な社会への２つのアプローチ

(出所) 筆者作成.

称) を置き，持続可能な社会づくりのロードマップづくりや横断的な省庁間の調整，社会的責任推進マニュアルづくりを行う．また，社会的責任推進のための法律 (「社会的責任推進基本法」仮称) を設けて，社会的責任目標の設定，実施，点検，CSR (SR) 情報の公開をすべての組織に奨励する．大企業には CSR レポートの作成と公開を義務づける．民間企業や非営利組織 (各省庁や自治体も含む) の責任ある事業に対する適切な指導と助言，調査，表彰事業，シンポジウムや講演活動も行う．中小企業に対する学習や啓発支援に注力するとともに，CSR (SR) に関する理論研究・政策の立案，情報収集，CSR 優良企業表彰などを定期的に行うシンクタンク (J. AKINDO) も設置して，日本型 CSR と持続可能な成長モデルの理論構築や政策提案などの創造的アプローチを行う．

　このマクロ的アプローチと第９章で説明した CSR 推進委員会を核とする経営の民主化，SDGS-CSR の一体的運用というミクロ的アプローチを組み合わせることで，持続可能な社会づくりへの正確な羅針盤を持つことができる．

3　金融機関の SRI (ESG 投資) と CSR は連動している

　2017年９月27日，NHK の「クローズアップ現代」で特集された「2500兆円超え!?　世界で急拡大 "ESG 投資" とは」という番組をご覧になられた人もいるだろう．E (環境) S (社会) G (企業統治) の３つの側面から倫理的な実績を上げている企業に2500兆円を超える投資が行われている．全世界の運用資産の約４分の１が ESG 投資に向けられている．いまや ESG 投資は巨大な世界の潮流になっているが，日本企業の CSR 格付けが低く ESG 投資の対象から除外されかねない実態も報道されていた．

　SRI (社会的責任投資) とほぼ同義とみなされる ESG 投資に金融機関が注目する

理由の１つには，地球温暖化の影響で洪水や津波による自然災害が頻発し，保険業界をはじめとする金融業界の経営（損害賠償金や生命保険金）を直撃しているためでもある．

　世界中で生じる自然災害のうち，気象災害は90％以上を占めている．人為的な経済活動が原因で排出された温室効果ガスが増え気候変動が進むと，気象災害も増える．過去20年の自然災害による死亡者の原因をみると，第１位が「暴風」で，第２位が極端な「気温上昇」となっている．亡くなった16万4000人のうち，90％にあたる14万8000人が熱波による死者であった．洪水による死亡者数も同程度といわれている．

　化石燃料をエネルギー源に二酸化炭素を排出する製品やサービスを市場に提供する業界や企業には保険業界も投資や融資を控えざるを得ない．逆に，再生可能エネルギーを使用する業界や企業を支援するなら，金融業の社会的責任を果たしているという高い評価や信用も得られる．そのためには，ESG や CSR に関する企業の詳しい情報を収集し投融資判断のための精緻な分析が求められる．

　金融業界はクリーンな企業（CSR 優良企業）に投融資をしたのちにクリーンなお金が利子や配当となって返ってくる．CSR 推進企業は潤沢な資金を受けてさらに CSR プロダクツなどを開発し環境と社会の維持や改善，再生に役立つ事業を行ってクリーンな利益をもたらす．CSR と SRI（ESG）は車の両輪の関係になって持続可能な社会に進むことができる．両者を動かす共通のエンジンは CSR という倫理的なマネジメントであり，クリーンなお金はそのエネルギーになる．ESG 投資対象の企業の株価が一般企業の株価よりも高く，長期的な成長性，安定性も優れていることは統計的にも実証されている．

　2006年に国連が責任投資原則（PRI: Principles of Responsible Investment）という機関投資家向けの責任ある投資の原則を提唱した．そこには「投資分析と意志決定のプロセスに ESG の課題を組み込む」ことなど６つの原則と35の行動項目が示された．現在，PRI に賛同し署名した機関は，2018年時点で2232で，現在も急増している．PRI 署名機関の増加が ESG 投資の増加を押し上げていることは明らかだ．その結果，2018年度の世界全体の ESG 投資総額は約30兆ドルに達している．

　だが，日本の ESG 投資額（2018年）は**図14-2**にもあるように，欧州の15％，米国の18％に過ぎない．近年，日本の GRIF（Government Pension Investment Fund: 年金積立金管理運用独立行政法人）が，ようやく年金の運用に PRI を実践するようになってきたが，日本の金融機関の SRI や ESG 投資への本気度が問われている．

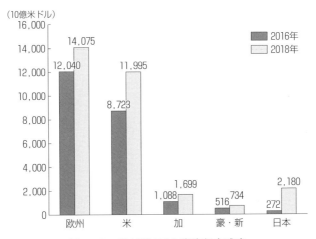

図14- 2　地域別 ESG 資産保有残高

（出所）田村怜・石本琢「ESG 投資の動向と課題」『ファイナンス』2020年1月，
39頁.

　つぎに，日本の企業が世界の ESG 格付けでどのようなレベルにあるかを考え
てみよう．Corporate Knight という ESG 格付け機関が年間売り上げ10億ドル以
上の企業を対象に，各社の CSR の実績から企業価値に変換して上位100社を公表
している．毎年公表されるこの世界 CSR 優良企業100社のデータは，世界で最も
経済と政治に影響力を持つ38万人に情報提供される．株価への影響は確実で
ESG 投資の有力な判断材料にされている．

　表14- 2から，上位10社と100社に含まれる日本企業の順位，会社名，業種，国，
格付け評価点が掲載されている．上位10社のうち，デンマークが3社，アメリカ
が2社，フィンランド，オランダ，イタリア，ブラジル，カナダがそれぞれ1社
となっている．日本企業は，積水化学が12位で健闘しているが，武田薬品（68位），
コニカ（72位），花王（86位），トヨタ（92位）の合計5社が辛うじて100位以内に入
っている．

　1位のオーステッド（Orsted）はデンマークの国営電力会社だが，過去十数年，
洋上風力発電などの再生可能エネルギー事業に投資し大幅な黒字を達成した．つ
いに，最後まで残っていた石油・天然ガス事業を最近になって売却し，再生可能
エネルギーによる電力事業に転換した．二酸化炭素排出量は2006年比ですでに52
％を削減，2023年までに96％削減という驚異的な目標を掲げている[9]．電力会社が
再生可能エネルギー事業に絞り込んだ政策と実績が高く評価されたのであろう．

表14-2　2020年世界 ESG 優良企業10社と日本企業の順位

順位	会社名	業種	国	評価点
1位	Orsted A/S	卸電力	デンマーク	85.2
2位	Chr. Hansen Holding A/S	食品と化学薬品	デンマーク	83.9
3位	Neste Oyj	石油精製	フィンランド	83.64
4位	Cisco Systems Inc	通信機器	アメリカ	83.59
5位	Autodesk Inc	ソフトウェア	アメリカ	82.84
6位	Novozymes A/S	高性能化学薬品	デンマーク	82.7
7位	ING Groep NV	銀行	オランダ	82.53
8位	Enel SpA	卸電力	イタリア	81.77
9位	Banco do Brasil SA	銀行	ブラジル	81.72
10位	Algonquin Power & Utilities Corp	電力	カナダ	80.89
12位	積水化学	化学	日本	79.48
68位	武田薬品	バイオ医薬品	日本	62.71
72位	コニカ	コンピュータ周辺機器とシステム	日本	61.01
86位	花王	化粧品	日本	55.47
92位	トヨタ	自動車	日本	52.19

(出所) Corporate Knight, *Most sustainable Corporations in the World* 2020 から加工作成した.

持続不可能なエネルギーである原子力や化石燃料に依存する日本の電力会社はデンマークの電力会社から電力事業の真髄を謙虚に学ぶべきだろう.

　一方, 日本のトヨタが92位という結果をみて意外に思われるかもしれない. 自家用車のガソリン消費量を大幅に引き下げたとはいえ化石燃料に依存するハイブリッドカーの成功に固執したために, トヨタは「エコカー」の革新的技術でリーダーシップを発揮できていない. 過去に大きな成功があると, 人間はその成功体験の呪縛から抜けきれずに, 革新的な方針を打ち出せず経営環境や技術の変化に対応できなくなることがある. この事態を経営学では「成功の復讐」と呼んでいる. この ESG 格付け100社に含まれる金融機関は全部で15社だが, 日本の銀行や金融機関は１社も入っていない. 第７位に入っているオランダの ING グループ (銀行) は, 資源の乱獲や大量生産, 大量消費の時代が去り, 物の所有よりサービスの消費に移行する時代が来ることを予測し, 循環型の経済 (サーキュラーエコノミーと呼ぶ) にふさわしい銀行業のあり方を提案している.

　同 ESG 格付け機関は2018年度の報告書で, ESG 評価基準の１つのサンプルを公表している[10]. その17項目のデータを筆者が環境価値, 経済価値, 社会価値の３価値に分類してまとめたものを以下に示しておく. 合計すると100％ (100点満点) になる. 企業価値評価を受ける企業は, 実際にはこの数値以下になる.

〈2018年度の企業価値評価の項目とウェイティングの事例〉

環境価値

(1) 再生可能エネルギーの利用　　　　　　　　　　　　　　5.5%

(2) 温室効果ガスの削減　　　　　　　　　　　　　　　　8.0%

(3) 水の使用量　　　　　　　　　　　　　　　　　　　17.8%

(4) 廃棄物（リサイクルされない）の量　　　　　　　　　0.3%

(5) 大気汚染物質の削減（VOC, PM, Nox, Sox）　　　　1.9%

　　　　　　　　　　　　　　　　　　　　　　計　33.5%

経済価値

(6) イノベーション力（研究開発費／収入）3 年間　　　　0.2%

(7) 課税率（課税金額／税引き前の利益に特別損益や減価償却などを加えた利益）

　　5 年間　　　　　　　　　　　　　　　　　　　　　1.5%

(8) クリーンプロダクツの比率　　　　　　　　　　　　50 0%

　　　　　　　　　　　　　　　　　　　　　　計　51.7%

社会価値

(9) CEO と平均労働者の報酬　　　　　　　　　　　　　0.6%

(10) 年金基金の状況　　　　　　　　　　　　　　　　　1.5%

(11) 最大の供給業者が KPI が使用する「サプライアー・スコア」

　　採用状況　　　　　　　　　　　　　　　　　　　　2.5%

(12) 災害や権利侵害の件数　　　　　　　　　　　　　　0.8%

(13) 重大な事故の件数　　　　　　　　　　　　　　　　2.4%

(14) 従業員の転職率　　　　　　　　　　　　　　　　　0.6%

(15) 取締役会での女性の比率　　　　　　　　　　　　　0.8%

(16) 経営管理役員での女性の比率　　　　　　　　　　　0.6%

(17) 持続可能性のシステム　　　　　　　　　　　　　　5.0%

　　（上級執行役員が持続可能な目標を進めるためのメカニズム）

　　　　　　　　　　　　　　　　　　　　　　計　14.8%

　このデータは，ある企業を評価するときの基準のサンプルであり，すべての業界，企業に適用されるとは限らないが，ESG 格付けの評価のウェイトがどこにあるかの参考になるだろう．この場合，クリーンプロダクツの比率（50%）の高さが際立っていて，本業における環境貢献度，社会貢献度が高くない企業は

ESG 投資格付けは低評価になろう．一方，地域社会への貢献度に関する指標がないので，ISO26000 とはやや乖離した欠点もある．

　以上のように，企業の CSR（ESG）実績と金融機関や投資家の SRI（ESG）投融資行動は連結しており，今後，その結びつきはさらに深くなり広がるであろう．

4　宝船プロジェクトで SDGs-CSR 運動のうねりをつくる

　最後に，SDGs-CSR に魂の入った優良企業の実績を市民ぐるみでお祝いする事業によって，SDGs と CSR の取組が強くてぶ厚い「面」になり持続可能な社会づくりへのうねりをつくる仕組みを提案する．

　日本人には古くからお正月の 2 日に良い初夢をみるために宝船の絵を描いた紙をまくらの下に敷いて寝る民間信仰があった．宝船とは，米俵や金銀のお金，珊瑚などの宝物がたくさん積まれた帆船に七福神が乗って海の向こうからやって来るという縁起の良い夢である．キリスト教では，12月24日のクリスマス・イブに世界中の子どもたちにお菓子やおもちゃをプレゼントする行事がある．トナカイのソリに乗ってやってくる笑顔の「サンタ・クロース」は子どもたちにとってヒーローであり富を運ぶ神様のような存在である．

　翻って，日本の宝船は，日々，自己研鑽し社会（他人）のために善行を積んだ人に神様が富を運んで分かち合ってくれる庶民の願望を表している．恵比寿天を除けば，他 6 人は中国あるいはインドの神様で，インターナショナルである．弁財天は唯一の女性であるが，他の神は障がい者といわれており，満面の笑顔をしたジェンダー平等の神様たちである．日本の恵比寿天のルーツは，古事記や日本書紀に記されている「蛭子（ヒルコ，エビスともいう）」にあるとされている．日本の国をつくったとされるイザナギとイザナミが結婚して産まれた子どもが 3 年たっても歩けない障害を抱えていたので，葦船（あしぶね）に乗せて海に流したと記されている[11]．流れ着いた海岸で漁師に拾われて育ったとの伝説もあるが，恵比寿天が右手に竿をもち左手に鯛を担いでいるのは漁業の神であるからだ．古代日本の神話で障がいを持つがゆえに流された子どもを不憫（ふびん）に思った後世の人たちのヒューマンな創作かも知れないが，「えべっさん」と慕われる恵比寿天は商業（商売繁盛）の神様にもなっている．

　現在世界中を恐怖に陥れているコロナウィルスの感染拡大が止まり，熱中症対策が十分に施されているという前提条件のもとで，日本の SDGs-CSR の運動を飛躍的に高めるイベントを構想してはどうか．大阪府天満宮が毎年 7 月24〜25日

に主催する大阪の天神祭は日本三大夏祭りの１つである．ここに神事である船渡
御に新造した宝船を進水・参加させ，SDGs-CSR 優良企業受賞の経営者たちが七
福神のコスチューム（熱中症対策が施されている）を着て乗船する．宝船は究極のエ
コ・エネルギーである燃料電池で動かす．もちろん，SDGs の活動で顕著な実績
をもつ子どもたちの代表も乗船できるようにしても良い．本章第２節で設置を提
案した社会的責任推進省の傘下にあるシンクタンク「J. AKINDO」が宝船プロ
ジェクトを主宰する．また，この事業の資金を国や民間企業の助成金や寄付金だ
けでなく，クラウドファンディングなどの方法で市民から資金を調達し適切なリ
ターンを提供して市民のサポーターを底辺から拡大する方法も検討する．

　この事業の目的を整理するとつぎの５点になる．⑴ SDGs-CSR 優良企業を密
室で表彰するのではなく社会に公開し SDGs-CSR のサポーターやファンを拡大
する．⑵ 日本型 CSR の実績を独創的な文化のスタイルで世界に発信できる．
⑶ SDGs-CSR の優れた実績を積み重ねることで倫理的な経済（ehical economy）に
移行できる．⑷ 善行を積む会社が福をもたらすことを次世代の子供たちが実感
し新しい事業の創造や起業化に関心を持つ人材育成や教育的効果が期待できる．
⑸ 宝船という日本人の夢と福をもたらす庶民信仰をお祭りなどの行事に組み込
むことで広範な市民も参加して楽しむことができる．

　このような SDGs-CSR 経営表彰事業を継続することで，個別企業の取組（点）
から企業間の連携や自治体，NPO との横の連携（線），SDGs-CSR 優良企業とし
て表彰された企業を市民も参加して地域全体でお祝いする運動（面）への流れ
（点―線―面）が確立するだろう．これらのムーブメントを土台から支えるのが社
会的責任推進省であり，社会的責任推進基本法である．持続可能な社会づくりは
机上の理論だけでなく，幅広い市民も参加する合理的で楽しめる運動のシナリオ
も準備されていなければならない．

　持続可能な社会は，20世紀の量的成長を追求した高度成長や利己的な強欲を満
たす競争優位や経営戦略という優勝劣敗のキーワードで特徴づけられる陳腐な資
本主義社会ではもはやない．それがどういう社会になるのかは今後の経済学，経
営学，社会学，哲学を始めとする学問の最大のテーマになるであろう．

注
１）「日本の10月の自殺者，年間の新型コロナ死者上回る女性の増加顕著」〈https://www.
　cnn.co.jp/world/35163196.html〉，2020年12月１日取得．

2 ）　World Economic Forum, ジェンダーギャップ2020年報告書〈https://www.weforum.
　　org/reports/gender-gap-2020-report-100-years-pay-equality〉, 2020年10月5日取得.

3 ）　International Standard, *ISO26000, Guidance on Social Responsibility,* 2010, p. 1.

4 ）　Francesco Perrini, Stefano Pogutz and AntonioTencati, *Developing Corporate Social
　　Responsibility; A European Perspective,* Edward Elgar Pub, 2006, pp. 11-53.

5 ）　International Standard, *op. cit.,* p. 9.

6 ）　生命保険協会『気候変動対応ハンドブック』2019年, 23頁.

7 ）　GPIF『2018年 ESG 活動報告』32頁.

8 ）　「ESG 投資の動向と課題」『ファイナンス』2020年1月, 39頁.

9 ）　「デンマーク国営 DONG Energy, オーステッドに社名変更　石油ガス事業の全売却完
　　了」〈https://sustainablejapan.jp/2017/10/16/dong-energy-to-orsted/28563〉, 2020年10月
　　15日取得.

10）　Corporate Knight 2019 Global 100 〈https://www.corporateknights.com/reports-
　　landing-page/〉, 2019年5月8日取得.

11）　『古事記』岩波書店, 1969年, 20頁.

12）　宝船プロジェクトの構想は, 公益社団法人関西経済連合会, 日本 CSR 普及協会近畿支
　　部共催の講演会（2019年1月29日）で, 「SDG は宝物, CSR は宝船, 持続可能な成長と企
　　業価値向上を目指す」と題して発表している.

お わ り に

　本書はSDGsとCSRの一体的運用と石門心学も取り入れた日本型CSRを，初めて論じている．CSRは「可視化された企業の倫理的行動の全般的マネジメント」であり，SDGsは「企業市民として会社の存続意義や役割」を問うものである．SDGsはゴールであり，CSRは手段である．本書ではSDGsを宝物，CSRを宝船にたとえている．日本型CSRの出発点は経営理念の構築にある．CSRには組織の社会的責任規格であるISO26000を含んでおり，組織統治・人権など7つの中核分野を持つ．本書ではそれをアレンジしたSDGs-CSR自己診断チャートの提案も行っており，持続可能な成長に向けた実効性あるマネジメントシステム手法を述べている．さらにマクロ的アプローチ（国や自治体の政策や制度）とミクロ的アプローチ（企業経営）の両面からの具体的提言を行っている．

　また，江戸時代の石田梅岩・石門心学の哲学を学べば，CSR，SDGsに自然に行きつく．石田梅岩の「利他」を先行させて「自利」を尊重する商業道徳こそ，公正なビジネスの核心を突いている．日本型CSRと呼ぶ所以である．仏教的視点から，経済活動も因果関係（善因楽果，悪因苦果）を重視し，自利と利他を実践する倫理的な経済への転換を促している．このアプローチは石田梅岩の心学とも共通しており，現代経済の在り方を考える上で重要な問題提起であろう．

　本書の特色は，企業，教育機関，自治体・経済団体などの，具体的事例を豊富に取り上げ，持続可能な経営の展望を示した点にある．

　IKEUCHI ORGANIC株式会社，株式会社リゲッタは経営者が自ら執筆した理念経営の実践記録である．その他の企業事例として，株式会社伊賀の里もくもく手づくりファーム，株式会社One Vision，株式会社藤大，株式会社良品計画，積水ハウス株式会社，心学精神を有した経営者など．教育機関としては筑紫女学園大学，一般財団法人日本ドリームボード財団．自治体・経済団体では大阪府商工会連合会，東大阪市，京都CSR推進協議会，その他宗教的視点も取りあげ，SDGs-CSR理論の実例を述べている．

　SDGsの17のグローバル目標は他人事ではない．持続可能な社会の実現は一人ひとりに課せられたテーマであるが，平和ボケした日本人の心にはまだ十分に届いていない．日本の幸福度の低さ，国際競争力の低下は驚くべき実情であり，企業や政界の不祥事は留まるところを知らない．

　石田梅岩，石門心学の教えは歴史的には人々の心に染み入り，現代社会においても，善悪の基準を判断し行動を律するものであり，CSR と同様の役割を担っている．梅岩の心学と SDGs-CSR のより緊密な結びつきについての論及と具体化の作業は十分に果たされたとは言えない．今後に残された研究課題である．

　日本型 CSR の実現のための各種の提案は，社会の分断の修復に目処が立っていない現代において必要不可欠なテーマである．本書の出版でご縁を頂いた方々とのネットワークも生かし，時代を変える成果に結びつくよう，引き続き尽力して参りたい．

　2018年 6 月，出版を前提に「CSR 来福研究会」を創始した足立辰雄，稲葉晃，清水正博（研究会代表）は月例でディスカッションを重ねた．

　当初は各自のフィールドでの活動を披歴し，半年余り経過した定例会で足立から「日本的 CSR の創造〜現代の商人道を探る〜」と題し，以下の 4 テーマより成る提言があった．① CSR は，経営の原点とは何かを問うていること，② 梅岩心学の商人道（先も立ち，我も立つ）から CSR の精神を学ぶ，③ SDGs-CSR で企業価値を高める，④ 日本的 CSR の創造．この骨子に一同が賛意を示し方向性が定まった．その後，単独あるいは共同で取材・情報収集に努めた．タイトルや執筆順等に関して，紆余曲折もあったが，大筋の章立ても固まってきた2020年初頭に，コロナ禍による緊急事態宣言に遭遇し，対面での打ち合わせは断念しオンラインミーティングに切り替えた．新たに加入の共同執筆者も参加し，当研究会は都合28回を数え，今日に至っている．

　本書の刊行に際し協力を頂いた各執筆者に謝意を表したい．また，昨今の出版事業の厳しき折に，本書出版の趣旨にご賛同・ご協力を賜った晃洋書房萩原淳平社長，編集部福地成文氏，同社スタッフのお陰を以って本書の刊行に至った．厚く御礼を申し上げます．

　2021年 3 月11日

清 水 正 博

人 名 索 引

事 項 索 引

《執筆者紹介》（執筆順，＊は編著者）

＊足立辰雄　奥付参照　[はじめに，第1，3，7，9，13，14章]

　安達俊英　圓通寺住職，知恩院浄土宗学研究所嘱託研究員，元佛教大学准教授　[第2章]

＊清水正博　奥付参照　[第4，5章，おわりに]

　稲葉　晃　ライトニング・アンド・カンパニー株式会社代表取締役，中小企業診断士　[第6章]

　坂口俊幸　坂口俊幸法律事務所代表，弁護士，税理士　[第8章]

　池内計司　IKEUCHI ORGANIC 株式会社代表取締役　[第10章]

　高本泰朗　株式会社リゲッタ代表取締役　[第11章]

　藤原隆信　筑紫女学園大学教授　[第12章]

《編著者紹介》

足 立 辰 雄 (あだち たつお)

1952年大分県生まれ. 立命館大学大学院経営学研究科博士課程単位取得退学, 元近畿大学教授.
現在, 大阪府商工会連合会 CSR 経営推進委員, 東大阪市企業表彰事業審査委員長.

主要業績

『マンガでやさしくわかる CSR』(共著, JMAM, 2017年). 『ビジネスをデザインする』(編著, ミネルヴァ書房, 2016年). 『サステナビリティと中小企業』(編著, 同友館, 2013年). 『原発, 環境問題と企業責任』(新日本出版社, 2014年) 他多数.

清 水 正 博 (しみず まさひろ)

1950年長野県上田市生まれ. 1973年, 電気通信大学経営工学科卒業. イズミヤ入社, 物流, 店舗運営, 経営企画, 人材開発, 店舗開発等を歴任, イズミヤ総研代表取締役.
現在, 大和商業研究所代表, 大阪経済法科大学客員教授, 心学明誠舎理事.

主要業績

『先哲・石田梅岩の世界』(新風書房, 2014年). 『改訂版 新入社員の常識』(商業界, 2015年). 『キッシー教授®の流通論』(編著, エリアプロモーションジャパン, 2013年). 他多数.

SDGs と CSR がひらく未来
——石田梅岩の心学でフェアな成長を——

| 2021年5月20日 初版第1刷発行 | ＊定価はカバーに |
| 2021年6月15日 初版第2刷発行 | 表示してあります |

編著者	足 立 辰 雄 ⓒ
	清 水 正 博
発行者	萩 原 淳 平
印刷者	江 戸 孝 典

発行所 株式会社 晃 洋 書 房
〒615-0026 京都市右京区西院北矢掛町7番地
電話 075(312)0788番(代)
振替口座 01040-6-32280

装丁 谷本豊洋   印刷・製本 共同印刷工業㈱

ISBN978-4-7710-3490-7